No me tapes el sol

Ciencias Humanas y Sociales

Eduardo Infante

No me tapes el sol

Cómo ser un cínico de los buenos

Ariel

Ariel, un sello editorial de Editorial Planeta, S. A.
Avda. Diagonal, 662-664, 08034 Barcelona (España)
www.ariel.es

Adaptación de la cubierta: Booket / Área Editorial Grupo Planeta a partir de la idea original de © J. Mauricio Restrepo
Ilustración de la cubierta: © J. Mauricio Restrepo
Primera edición en Colección Booket: enero de 2025

Depósito legal: B. 20.156-2024
ISBN: 978-84-08-29755-0
Impresión y encuadernación: QP Print
Printed in Spain - Impreso en España

Biografía

Eduardo Infante, filósofo y autor del best seller internacional *Filosofía en la calle*, nació en Huelva en 1977. Enseña Filosofía con métodos nada convencionales: narra la muerte de Sócrates en un juzgado, explica Aristóteles paseando por el parque, invita a practicar el cinismo en las calles comerciales y nos desafía con sus #FiloRetos en las redes sociales para invitarnos a cuestionar la vida y disfrutar del pensamiento. En Ariel también ha publicado *No me tapes el sol*, *Aquiles en TikTok* y *Ética en la calle*.

@eledututor

A Nietzsche, por enseñarme a vivir en libertad

Cuenta la leyenda que el joven Alejandro de Macedonia buscó un día a Diógenes, cuya fama había picado su curiosidad. Se lo encontró tomando el sol tumbado perezosamente de espaldas, quizá en las cercanías de un campo de deportes ateniense; otros dicen también que encolando un libro. El joven soberano, esforzado en demostrar su generosidad, concedió al filósofo expresar un deseo. A lo que parece que contestó: «No me quites el sol».

PETER SLOTERDIJK,
Crítica de la razón cínica

Índice

Tercera parte

LOS CUATRO PERROS DEL APOCALIPSIS

Apéndice

Introducción

Buenos y malos perros

> Desde que la filosofía ya solo es capaz de vivir hipócritamente lo que dice, le toca a la desvergüenza por contrapeso decir lo que se vive. En una cultura en la que el endurecimiento hace de la mentira una forma de vida, el proceso de la verdad depende de si se encuentran gentes que sean bastante agresivas y frescas para decir la verdad.
>
> PETER SLOTERDIJK,
> *Crítica de la razón cínica*[1]

Mi perro se llama Nietzsche. Uno de los placeres que compartimos es el de caminar por la playa. Me encanta ver cómo corre libre, se zambulle en el agua y juega con las olas. Al observarlo disfrutar en el mar, suelo recordar que, cuando era adolescente, sentía una terrible vergüenza hacia mi cuerpo que me impedía gozar de la existencia en plenitud. Pero yo no nací con ese sentimiento de pudor. Nadie nace así. Como todo el mundo, lo aprendí. Un largo proceso de socialización me hizo asumir, junto a las normas sociales, esa vergüenza que tanto sufrimiento me produjo de joven.

Nietzsche, en cambio, tiene la suerte de no conocer ese sentimiento: se encuentra más allá del bien y del mal, disfruta de su desnudez y ninguna convención social reprime su potencia vital. Mi perro es un animal urbano: aunque vive entre humanos civilizados, no conoce qué es el pecado, la culpa, las reglas sociales, las modas, la fama, la gloria, el honor, la propiedad, la riqueza, el éxito, el resentimiento, el estrés, la ansiedad o la depresión. La vida para Nietzsche es más simple y a veces incluso más plena que la de muchos humanos. Incapaz de hipocresía, mentira o fingimiento, su conducta es descaradamente franca.

En los más de seis años de amistad que hemos compartido Nietzsche y yo me he preguntado varias veces: ¿cómo será eso de «vivir como un perro»? En la antigua Grecia hubo un grupo de filósofos que tomaron a este animal como modelo de existencia y por eso se hicieron llamar *cínicos*, palabra que proviene del griego *κυνικός* y que podemos traducir como «propio, semejante o relativo al perro». El primer problema para entender lo que realmente proponía el cinismo es que el significado actual del término es muy diferente al que le dieron estos antiguos filósofos. En su uso vulgar, la palabra tiene el sentido de actuar con falsedad o desvergüenza de manera descarada. En la actualidad se denomina cínicos a quienes muestran sin tapujos una inmoralidad bien arraigada y asumida. Los cínicos actuales, los malos, nada tienen que ver con los antiguos, los buenos.

Un buen ejemplo de cínico contemporáneo es el protagonista de *El lobo de Wall Street* (Martin Scorsese, 2013), un corredor de bolsa sin escrúpulos que se hizo multimillonario engañando a sus clientes. Al inicio de su meteórica carrera, su mentor le aconseja, sin el menor filtro, que para sobrevivir a Wall Street debe acudir a las drogas y el sexo; las primeras te mantienen el cerebro despierto y te permiten teclear rápido; el sexo, en su versión de acudir a prostitutas o masturbarse si no queda otro remedio, hace que la sangre fluya y consigas tácticas. Belfort, encarnación de los valores neoliberales, termina creando su propia firma en la que la sed de ganar dinero a toda costa, la más absoluta falta de ética, el lujo exacerbado e insultante, las drogas, el sexo y la fiesta son la marca de la casa. En la cinta hay una escena memorable cargada de cinismo (del actual, el malo): el discurso motivacional que Belfort da a sus empleados justo antes de que comiencen a intentar colar un nuevo producto financiero a sus clientes. El bróker, sobreestimulado por las drogas, pasea micrófono en mano por una sala repleta de teleoperadores que escuchan atentamente estas palabras:

> Está bien, quiero que os concentréis un segundo. ¿Veis esas cajitas negras? Se llaman teléfonos y voy a contaros un secreto sobre ellos: no se marcarán solos, ¿vale? Sin vosotros, son trozos de plástico inútiles, como un M-16 sin un marine entrenado para apretar el gatillo, y en el caso del teléfono, depende de cada uno de vosotros, mis entrenados estratonitas, mis asesinos, mis asesinos que no aceptan un no por respuesta, mis putos guerreros que no colgarán el teléfono hasta que su cliente compre o muera. Os diré una cosa: no hay nobleza en la pobreza. He sido un hombre rico y he sido un hombre pobre, y prefiero ser rico todas las veces. Porque siendo rico, cuando tengo que enfrentarme a mis problemas, voy sentado en una limusina, llevo un traje de 2.000 dólares y un reloj de 40.000 putos dólares. ¡Venga, chicos, luchad por él! Y si alguien de aquí cree que eso es «superficial» o «materialista» que busque trabajo en un puto McDonald's porque ese, joder, es su sitio. Pero antes de abandonar esta sala llena de vencedores, quiero que miréis bien a la persona que tenéis a vuestro lado, porque en un futuro no muy lejano os pararéis en un semáforo en vuestro viejo coche desvencijado, y esa persona aparecerá justo a vuestro lado, en su flamante Porsche, sentado junto a una preciosa mujer y sus voluptuosas tetas. ¿Y a quién tendréis vosotros al lado? A una asquerosa vaca con barba de tres días que lleva un vestido barato apretujada en un coche cargado de productos en oferta del puto súper. ¡Eso es lo que tendréis sentado al lado! Así que escuchadme y escuchadme bien, ¿tenéis la tarjeta en números rojos? Bien, descolgad el teléfono y marcad. ¿Están a punto de desahuciaros? Bien, ¡descolgad el teléfono y marcad! ¿Vuestras novias os consideran unos pringaos de mierda? ¡Bien, descol-

gad el teléfono y marcad! ¡Quiero que solucionéis vuestros problemas haciéndoos ricos! Lo único que tenéis que hacer es coger el teléfono y repetir las palabras que os he enseñado, y os haré más ricos que el director general más poderoso de los Estados Unidos de América. Quiero que salgáis ahí fuera y quiero que les metáis a vuestros clientes las acciones de Steve Madden por la boca hasta que se atraganten. ¡Hasta que se atraganten y compren al menos cien mil acciones! Eso es lo que quiero. ¡Sed feroces! ¡Sed despiadados! ¡Sed unos putos terroristas telefónicos! ¡Ahora vamos a batear esta puta bola fuera del campo! ¡Venga!

Un buen cínico, un cínico de los de antes, jamás hubiera ni hablado ni actuado como Jordan Belfort, porque ser cínico no guarda relación alguna con la mentira, la inmoralidad, el fingimiento o la hipocresía. Lo único que tienen en común el cínico de hoy y el antiguo es que su comportamiento provoca escándalo en los demás. Pero hasta en los casos en que la conducta exterior fuera la misma, los motivos y los fines de uno y de otro se encuentran en las antípodas. A Belfort solo le importan el dinero y su ego, mientras que a Antístenes, el fundador del cinismo, solo le interesan la virtud, la verdad y la libertad.

El coraje de la verdad

El idioma alemán evita la confusión con la palabra *cínico* acuñando dos voces distintas: para la corriente filosófica antigua emplea el término *kynismus*, mientras que para la actitud insensible, despiadada e inhumana usa *zynismus*. ¿Qué le parece si dejamos de ser unos *zynismus* para convertirnos en *kynismus*? Nuestro mundo recuperaría la decencia si tuviésemos los arrestos morales para sustituir la mentira por la verdad en todos los órdenes.

Michael Foucault dedicó un curso entero al estudio del

cinismo y lo tituló «El coraje de la verdad». Si estas clases que impartió en el Collège de France hubiesen versado sobre *zynismus*, no parece que el pensador francés hubiese estado muy acertado con el título. Pero como nos advierte Foucault, el que se compromete con el modelo de vida cínica asume el deber de actuar apegado a la verdad en todo momento y lugar. Estas clases, dictadas entre febrero y marzo de 1984, fueron las últimas que Foucault dictó antes de morir y muchos las consideramos su testamento filosófico. Es como si el pensador francés quisiera invitarnos a rescatar y revitalizar la filosofía cínica para mejorar como personas y como sociedad. Los cínicos son presentados como los auténticos discípulos y herederos de Sócrates, el hombre más bueno, más justo y más sabio de todos cuantos hemos conocido.

Foucault, con su último aliento de vida, nos invitaba a recuperar dos principios cínicos para erradicar con urgencia el *zynismus* generalizado que nos infecta y nos enferma. En política, frente a la demagogia, debemos apostar por la *parresía* cínica, la virtud mostrada por Diógenes ante el Alejandro que le tapaba el sol y que consiste en hablar con la franqueza más absoluta, como condición para que construyamos una democracia auténtica y no tan solo formal. En ética debemos tener el coraje de construirnos una «verdadera vida» y renunciar a modos de existencia que no son más que productos estandarizados consumidos a gran escala. Ser cínico es una invitación a realizar con nuestra vida una obra de arte, a actuar como un «artista maldito», un «activista revolucionario» y un «héroe filosófico». Martin Heidegger afirmaba que la mayoría de la gente vive existencias anónimas, viven en el «se dice» y en el «se hace», es decir, dicen lo que dicen porque es lo que la gente dice y hacen lo que hacen porque es lo que la gente hace. El cinismo invita a construir existencias auténticas: decir y hacer solo lo que solo cada uno de nosotros puede llegar a decir y hacer, impedir que sean otros los que dicten cómo se debe pensar o cómo se debe vivir. En nuestro mundo actual, monocolor en cuanto a las formas, modos y estilos de vida, urge encontrar «héroes filosóficos» que asuman la tarea de encarnar la libertad de pensamiento, que se atrevan a pensar la vida y a vivir el pensamiento.

Malos tiempos para la lírica, buenos tiempos para el cinismo

¿Por qué recuperar el cinismo? ¿Qué tiene de actual este antiguo sistema de pensamiento? ¿Cómo puede ayudarnos a sobrevivir en la selva de asfalto en la que se ha convertido nuestro mundo? La actualidad de la filosofía cínica reside en el hecho de que floreció en una época muy parecida a la nuestra: de crisis, hastío y escepticismo. El cinismo fue la reacción sabia a la destrucción de un sueño: la *polis*. El proyecto político comunitario de las antiguas ciudades griegas, que prometió al ciudadano la más sofisticada forma de felicidad, se resquebrajó y se hundió. El ágora quedó desierta y el poder migró desde la asamblea hacia el palacio. La política dejó de ser la solución para convertirse, en la mayoría de los casos, en el problema. La felicidad dejó de ser un proyecto social para convertirse en una responsabilidad individual. La libertad política fue menguando hasta que la condición de ciudadano quedó reducida a una mera formalidad. Cuando el mundo naufraga, el cínico se esfuerza al máximo en poner a salvo la libertad. ¿No sentimos cómo el proyecto político de la Modernidad naufraga hoy con la misma virulencia con que lo hizo el de la *polis*? ¿Acaso no oímos cómo revienta el casco de nuestras democracias frente a los acantilados del poder económico? ¿De qué sirve achicar agua cuando la nave se hunde en el insondable y frío mar de la historia? ¿No sería más sensato dedicar nuestros esfuerzos a salvar la vida y nuestras pertenencias más valiosas? ¿Y no es sin duda la libertad nuestro bien más preciado? Bien lo advirtió el *Quijote*, y así lo aconsejó no solo a su querido amigo, sino a todos los que hemos acompañado a este cínico cervantino en su vagabundo deambular.

Este libro pretende desempolvar la filosofía cínica como salvavidas para subsistir con libertad, cordura y dignidad en este mundo zozobrante que navega a la deriva. Como afirma Carlos García Gual,[2] corren buenos tiempos para el cinismo, inmejorables para el sarcasmo como crítica a una cultura que nos ha tocado en desgracia vivir y que ha reducido la felicidad a un simple «ser tonto y tener trabajo». Como la civilización griega de la época helenística, la nuestra es una sociedad de náufragos solitarios, cada uno aferrado a su tabla, que flotan a la deriva sin esperanza de que nadie venga a rescatarlos; una sociedad que se asemeja a un avión en el que los pasajeros «descubren, ya en vuelo, que la cabina del piloto está vacía».[3] Quizá también nosotros encontremos en el ejemplo existencial del perro la salvación para sobrevivir a una sociedad tan irracional, hipócrita y alienante como la que conocieron Antístenes, Diógenes o Crates.

Primera parte

UN MUNDO DE PERROS

1

Una breve historia de la filosofía canina

> Fustel de Coulanges recomienda al historiador, que quiera revivir una época, que se quite de la cabeza todo lo que sepa del decurso posterior de la historia. [...] al plantear la cuestión de con quién entra en empatía el historiador historicista, la respuesta innegable reza así: con el vencedor.
>
> WALTER BENJAMIN,
> *Tesis de Filosofía de la Historia*[1]

El cinismo fue una filosofía contracultural y contraoficial. Los antiguos cínicos consideraban que el estilo de vida socialmente aceptado no conducía hacia la felicidad sino hacia la esclavitud, y por ello viraron el rumbo de sus existencias. Se rebelaron a vivir de forma inauténtica e impersonal, condicionados por las opiniones de la gente. Donde todos piensan, dicen y hacen lo mismo, cualquiera es intercambiable y reemplazable. Los cínicos optaron por alejarse de la manada, no aceptaron ningún macho alfa que los gobernase y tuvieron el coraje de ser auténticos. Frente a las convenciones, el confort y el progreso de la civilización eligieron una vida natural, sencilla y austera. Defendieron como valores la verdad, la libertad y la autosuficiencia. Se rebelaron contra todo aquello que pudiera poner en peligro su independencia: el principio de autoridad y el academicismo, la corrección política, los usos y costumbres, las tradiciones aceptadas acríticamente, las modas, el deseo, el placer sin medida, las pasiones que subyugan a la voluntad o la opinión de la mayoría.

En un mundo de súbditos, los cínicos no aceptaron más autoridad que la de su propia razón. No reconocieron ni patria ni dios a los que someter su voluntad, y declararon que la única obligación que tenemos en esta vida es la de alcanzar la felicidad: antes de morir, debemos vivir plenamente el tiempo que se nos ha otorgado y transitar nuestro propio camino. Compartieron una visión irónica y sarcástica del mundo, rechazaron la conducta gregaria. Denunciaron toda forma de tiranía, desmontaron las mentiras del poder y cuestionaron creencias falsas e irracionales que aún hoy nos gobiernan. El cínico fue una especie de «profeta pagano» que tuvo la valentía de vivir como pensaba, la osadía de decir la verdad a los poderosos sin temor a represalias y la lucidez para diagnosticar las normas absurdas, los malos hábitos y las costumbres perniciosas.

Pero entonces ¿por qué la historia que nos han contado es otra? ¿Por qué el término *cínico* devino en algo tan diferente a su significado original? ¿Cuál es la causa de esta tergiversación? Sin duda, como afirmaba Walter Benjamin, la historia siempre la han escrito los vencedores, y la historia de la filosofía no es una excepción. El cinismo forma parte del bando de los vencidos en la lucha de las ideas, y el precio de la derrota ha sido no poder contar su propia historia o, lo que es peor, que esta sea contada por los vencedores. El número de estudios dedicados al cinismo sigue siendo ridículo en comparación con otras escuelas filosóficas; es más, muchos manuales clásicos de historia de la filosofía ni siquiera recogen esta corriente de pensamiento. Pareciera como si alguien hubiese sentenciado a los cínicos con una *damnatio memoriae* («condena de memoria»), esa antigua práctica romana con que se castigaba a los enemigos del Estado y por la que se procedía oficialmente a eliminar todo cuanto pudiera recordarlos: esculturas, inscripciones o monumentos.

¿Quién decretó que los cínicos eran enemigos del Estado cuyos nombres debían ser borrados o al menos deformados hasta ser irreconocibles? ¿Quién ha dominado la historia de las ideas en nuestra cultura? ¿Quién ha sido su indiscutible y vitoreado vencedor? ¿Quién ha forjado un imperio sobre el vasto continente del pensamiento occidental? Alfred North Whitehead respondió a estas preguntas con una fórmula que se ha hecho famosa, según la cual toda la historia de la filosofía, recogida en los manuales oficiales e impartida en las actuales academias, se podría reducir a una serie de notas a pie de página al pensamiento de Platón: el idealismo. Este sistema de pensamiento presenta la verdad, el bien y la felicidad fuera del mundo de la vida. El idealismo reduce nuestra existencia a mera apariencia, oscura sombra, burda copia. Bajo la cegadora luz que emite su arquitectura mental (imponentes catedrales lógicas erigidas sobre cimientos vacíos, templos consagrados a la nada), la materia se oscurece y se recubre de pecado, y la felicidad plena es desterrada de este mundo. El gozo se pospone para el más allá y la dicha queda prohibida en el más acá. La vida deja de ser un fin para convertirse en un simple medio con el que alcanzar un cielo prometido a aquellos que asuman una servidumbre voluntaria. La filosofía, desconectada definitivamente de la naturaleza y de la vida, queda reducida a pensamiento que se piensa a sí mismo, a un ejercicio estéril de análisis del concepto, a un autismo existencial.

El idealismo es una filosofía del sacrificio: exige a sus fieles que inmolen el presente en aras de un proyecto, que degüellen los hechos para garantizar la salvación de la teoría y que renuncien a toda forma de libertad. Para el idealismo, solo sus sacerdotes tienen acceso a la verdad; el pueblo debe creer en lo que solo ellos ven y cultivar la virtud de la obediencia. La verdad solo es accesible para unos pocos elegidos que o bien están en el poder, o bien trabajan para él; los idealistas o son tiranos o son amigos de tiranos. Los que no formamos parte de la casta privilegiada de sabios iluminados debemos no solo doblegarnos a su verdad, sino también agradecer que esta nos sea revelada por nuestra salvación eterna. Por todo ello, Nietzsche denunciaba que el cristianismo no es más que platonismo para las masas. Para el filósofo alemán, ambos comparten el mismo esquema y ambos han sido instrumentos, usados a lo largo de la historia, para justificar el *statu quo*, las estructuras y las dinámicas de poder. El cinismo, en cambio, es una filosofía materialista y libertaria, que no teme la contingencia de la realidad, que nos religa a la naturaleza, que vacía el cielo para posar la felicidad en el más acá.

En los manuales oficiales, Platón reina como arquetipo de filósofo y su idealismo se presenta como modelo de filosofía a imitar. De igual forma que en el mundo soviético las historias de la filosofía fueron marxistas, en Occidente las historias de la filosofía han sido idealistas. Sobre este imperio del pensamiento, afirma Michel Onfray: «Es verdad que Platón no es Descartes, ni este es Kant, pero los tres, al repartirse veinte siglos de mercado idealista, monopolizan la filosofía, ocupan todo su espacio y no dejan nada al adversario, ni siquiera sus migajas. El idealismo, la filosofía de los vencedores desde el triunfo oficial del cristianismo convertido en pensamiento de Estado [...] pasa por ser la única filosofía digna de ese nombre [...] es difícil pedirles a los vencedores que escriban objetivamente la historia de los vencidos».[2] De entre todos los derrotados, los cínicos han sido los que han sufrido el mayor escarnio. ¿Por qué tanto ensañamiento? Porque el cínico cometió el imperdonable pecado de burlarse de las sagradas enseñanzas del maestro. Los cínicos se atrevieron a señalar al padre del idealismo con el dedo y gritar: «¡El rey va desnudo!». Cuando Platón de Atenas defendió la existencia de un modelo eterno, perfecto e inmaterial de hombre al que debemos someternos so pena de ser tratados de anormales, locos o enfermos, Diógenes de Sinope se burló de su teoría por ser tan absurda como peligrosa, y se dedicó a «buscar» por las calles de Atenas, con un farol encendido en pleno día, a ese *hombre espiritual, perfecto y eterno*, carente de carne, fluidos y nervios, del que nosotros tan solo somos copias defectuosas. Diógenes con su linterna puso luz donde los filósofos idealistas ponen oscuridad cuando se dedican a buscarle los tres pies a la realidad. En otra ocasión, Platón definió al hombre como «un bípedo sin plumas», y los académicos que lo escuchaban aplaudieron con fervor la sabiduría del maestro. Mientras todos lo aclamaban y Platón se enorgullecía de una inteligencia que lo elevaba a una casta superior, Diógenes puso a prueba su pretendida (y pretenciosa) sabiduría; salió a la calle, tomó un gallo, le quitó las plumas y lo tiró al suelo de su escuela diciéndole con sarcasmo cínico: «Aquí tienes a tu hombre». Platón nunca supo encajar deportivamente las refutaciones materialistas de Diógenes. El padre del idealismo siempre eludió el debate con el cínico con la excusa de que un filósofo de verdad no debía perder el tiempo con un loco. Desde entonces, los idealistas han emulado la actitud y la estrategia de Platón. Por ejemplo, Hegel, otro de los grandes maestros del idealismo, en sus *Lecciones sobre historia de la filosofía* (modelo de los libros de texto oficiales que se siguen utilizando en las aulas) se negó a estudiar el cinismo porque no lo consideraba una filosofía seria, sino un revoltijo de anécdotas desprovistas de interés y sentido común. Y desde entonces los reyes de la filosofía los ignoran, los silencian, los tergiversan, los caricaturizan o directamente los descalifican para acallar su mensaje de libertad, su crítica social y su forma de practicar la filosofía.

El escritor griego del siglo II Luciano de Samósata[3] nos relata que el cinismo fue una filosofía popular con la que se ejercitaban zapateros, carpinteros, bataneros o cardadores de lana. Las élites culturales de entonces consideraban que esta actividad intelectual no debía ser practicada por el vulgo (algunos todavía lo piensan hoy) y reaccionaron con agresividad hacia el cinismo: los insultaron, los acusaron de no ser verdaderos filósofos, sino simples imitadores, y de usar la filosofía para escalar social y políticamente. Los mismos insultos se emplean hoy contra aquellos que practican la filosofía fuera de los círculos académicos y se atreven a sacarla de las aulas.

Reconstruir el pensamiento cínico y su historia no es tarea fácil. Hemos perdido prácticamente toda su literatura. Lo poco que se conserva es un conjunto de anécdotas y dichos cuyo valor histórico no es fácil de determinar. No terminan aquí los problemas: las fuentes de las que disponemos, o son parciales o son tardías. Algunos epicúreos y padres de la Iglesia (la vanguardia del bando opositor del cinismo) nos hablan de las opiniones de estos filósofos transgresores, pero lo hacen para denostarlos, caricaturizarlos y burlarse de ellos. Otros, como el estoico Epicteto o el emperador Juliano, nos transmiten una imagen idealizada e interesada que terminan estirando y tergiversando para ajustarla al molde de sus convicciones personales. El documento más fiable que atesoramos es el libro VI de *Vidas y opiniones de los filósofos ilustres*,[4] de Diógenes Laercio (no confundir con nuestro Diógenes el cínico, del que hablaremos muy pronto); el problema es que se trata de una fuente tardía. Entre Antístenes, el fundador de la escuela cínica, y este escritor griego del siglo III d. C. distan siete centurias.

A pesar de las múltiples dificultades, siguiendo los consejos de Walter Benjamin, frente a la historia oficial debemos reescribir una historia a contrapelo, es decir, debemos contar las otras narraciones, las que han sido silenciadas y ocultadas. Me parece que contar la historia del cinismo es un necesario acto de justicia con los derrotados, y personalmente siempre he sentido el deber romántico de tomar partido por ellos, pero sin olvidar que están hechos del mismo barro que los vencedores.

2

Los primeros perros

El cinismo se inició en Atenas en el siglo v. Fue el único movimiento filosófico de la Antigüedad que tomó la libertad como valor supremo. Sus miembros la entendieron como autosuficiencia (ausencia de necesidades), autarquía (bastarse uno mismo para ser feliz) y autonomía (actuar de acuerdo con las decisiones propias). Los cínicos enarbolaron la bandera de la libertad de pensamiento y de expresión, en un mundo que derivaba hacia el autoritarismo y el gregarismo, y sobre ella bordaron una vida plena y dichosa. El cinismo es un proyecto emancipador que nos invita a entrenarnos hasta obtener la capacidad de autogobierno con la que preservar la propia individualidad frente a la masa.

Su fundador fue Antístenes, que transmitió la filosofía cínica a Diógenes de Sinope, y este a su vez a Crates de Tebas, que eligió como compañera a Hiparquia de Maronea. Estos cuatro nombres son los cuatro grandes rostros del cinismo, los cuatro jinetes que abrieron los siete sellos que destrozaron la máscara de la vida civilizada y liberaron a los hombres de la estupidez que los esclavizaba.

Antístenes fue un perro sin pedigrí: un mestizo hijo de padre ateniense y de madre extranjera, al que nunca se le concedió la ciudadanía. Después de haber seguido a Sócrates y ser uno de sus más fieles amigos, decidió apartarse del grupo de sus discípulos (atenienses de buena estirpe) para establecer su propia escuela en el gimnasio destinado a los que no eran ciudadanos. Fiel a lo aprendido con Sócrates, Antístenes comenzó a enseñar que lo único que necesitamos para ser felices es la virtud. Nuestro término actual procede del latín *virtus*, que deriva de *vir* («hombre») y traduce su equivalente griego, ἀρετή (*areté*, «calidad excelente»), y hace referencia al conjunto de rasgos de la persona con un buen carácter. La filosofía grecorromana consensuó cuatro virtudes: sabiduría, valor, templanza y justicia;[1] aunque Sócrates consideró que, en el fondo, las diversas virtudes son únicamente aspectos diferentes de la sabiduría. Para Antístenes, la virtud es un hábito, una cualidad estable que nos permite actuar según nuestra naturaleza, es decir, racionalmente, y que, por tanto, nos asegura acertar en nuestras elecciones y obrar bien. Así, «en un hombre virtuoso la voluntad es la que es buena»[2] sin importar el resto de los bienes como la inteligencia, la fuerza o la salud; y porque esta persona sabe cómo actuar ante cualquier circunstancia, su vida es siempre dichosa. Para Antístenes, todas las otras cosas buenas (el dinero, la posición social, un entorno laboral agradable, una sana vida de pareja, etc.) son irrelevantes para asegurarnos haber aprovechado bien la vida. La virtud es lo único que necesitamos para ser dichosos. Mientras que el resto de los bienes dependen de la fortuna, la virtud es una capacidad que se puede adquirir mediante el aprendizaje y el ejercicio. La consecuencia que se desprende de esta idea es que cualquiera puede llegar a ser feliz, al margen de las circunstancias que le haya tocado vivir.

Este es el poderoso mensaje de Antístenes: da igual si somos ricos o pobres, si estamos sanos o enfermos, si hemos recibido una buena o una mala educación, si somos guapos o feos, si tenemos una pareja que nos ama o vivimos en una relación que se resquebraja cada día, si tenemos un trabajo más o menos digno o conocemos en nuestras propias carnes el significado de la palabra *alienación*, si conservamos a nuestros seres queridos o algunos ya nos han abandonado, si nuestros deseos más ocultos son satisfechos o convivimos con una sensación de insatisfacción constante, porque lo único que realmente necesitamos para ser felices es la virtud. Todo lo demás son o añadidos o lastres que nos impiden alcanzarla. Muchos de estos bienes, como la riqueza o la fama, dificultan el ejercicio de la virtud y desarrollan en nosotros un apego que nos esclaviza. Cuando esto ocurre, lo más sensato, según Antístenes, es desprendernos de ellos y del deseo de poseerlos. El dinero, los honores y el poder son cosas despreciables para el hombre virtuoso. El hombre virtuoso se limita a satisfacer de manera sencilla las escasas necesidades que le impone la naturaleza y aborrece las necesidades artificiales que engendra la sociedad.

A diferencia de lo que opinaron otros seguidores de Sócrates como Aristipo, Antístenes sostuvo que el placer no es ciertamente un bien sino todo lo contrario, un mal que acarrea vicios y genera dependencia. Para una sociedad hedonista como la nuestra, que identifica la felicidad con el consumo de experiencias placenteras, esta crítica puede parecer extraña, más propia de un asceta religioso que de un filósofo materialista, pero debemos recordar que para un cínico nada se ha poner por encima de la libertad. Aunque la opinión mayoritaria afirme que el placer es bueno y el dolor es malo, para Antístenes es preferible sufrir de manera honrosa que disfrutar de forma deshonesta. No es buena práctica dejarse arrastrar por aquellos placeres que ponen en peligro nuestra integridad, renunciar a la independencia por el confort o esclavizarse al deseo. El fundador del cinismo invitaba a sus oyentes a vivir como el atleta o el músico, que saben cuándo renunciar a experiencias placenteras y que se esfuerzan hasta alcanzar la virtud que les es propia a su condición. Somos nuestro carácter, este constituye el núcleo de nuestra identidad y marca nuestro valor como personas, no las posesiones, la ropa o la profesión. Antístenes nos enseñó que nunca deberíamos estar dispuestos a vender nuestra integridad, y menos por algo con un valor tan fluctuante y pasajero como el placer.

Diógenes exageró con su vida los postulados de su maestro y se convirtió en el símbolo más popular del cinismo. El sinopense quiso averiguar por sí mismo qué es lo que realmente necesitamos para ser felices y qué es superfluo; y para escrutarlo, fue reduciendo progresivamente sus necesidades y desprendiéndose de todo lo baladí. Redujo las necesidades a sus justos y naturales límites. Adoptó una existencia de marginado e indigente, pero de hombre independiente y dichoso. Tomó como casa una vieja tinaja que encontró tirada cerca del ágora; así lo representan la mayoría de sus semblanzas: refugiado en su hogar de cerámica de las inclemencias del tiempo y de la estupidez humana. Pasó a la historia no solo por ser un filósofo sintecho, sino sobre todo por vivir al margen de las convenciones sociales, llegando incluso a no respetar las mínimas reglas de urbanidad (orinaba, defecaba y copulaba en público, como los perros). La intención que movía a Diógenes era la de provocar el pensamiento crítico de su prójimo. Los escandalizaba con su conducta y los azotaba con su afilada ironía no porque fuese un sociópata, sino por ser un filántropo conmovido ante la infelicidad en la que viven la mayoría de los seres humanos. Como un médico sabio y compasivo, Diógenes luchó contra la insensatez que enferma las almas de los hombres con el remedio más eficaz, aunque este fuese amargo y difícil de ingerir. Su manera agresiva de hablar, su desvergüenza radical y su transgresión de los valores y normas sociales le granjearon el título de «Perro Fiero».

Discípulo de Diógenes fue Crates, miembro de una familia noble y rica de la antigua ciudad de Tebas. Aunque había decidido dedicarse a gestionar los negocios familiares, cuando conoció a Diógenes, fue tal la conmoción que le causó, que el tebano repartió todo su dinero y dedicó el resto de su vida a cultivar la filosofía cínica. Fue conocido por sus vecinos como el «Abrepuertas» porque su buen ánimo, su sentido del humor y su sabiduría para reconciliar a las familias desavenidas hacían que todos deseasen acoger al filósofo en sus casas. Algunos llegaron a escribir sobre el dintel de su puerta: «Entrada para Crates, buen genio». Por ello, frente a la fiereza que caracterizó a su maestro, Catres encarnó el rostro amable del cinismo, y para distinguirlo, recibió el apodo de «Perro Afable». Si Diógenes fuese el pitbull del cinismo, Crates sería el bóxer. Enseñó filosofía a otros muchos; entre ellos, a Zenón de Citio, fundador del estoicismo (rama que suavizó los principios más radicales y exigentes de la escuela) y a Hiparquia de Maronea, mujer que usó el cinismo como camino de empoderamiento y como arma para combatir el patriarcado.

Hiparquia abandonó el telar y la cocina para dedicarse a un asunto de hombres: la filosofía, convirtiéndose con ello en la «Perra Feminista». Los griegos consideraban a la mujer como una eterna menor de edad, exenta de derechos políticos y jurídicos, incapaz de tomar decisiones, un ser débil cuyo único rol era el de esposa y madre. En un auténtico acto de cinismo, Hiparquia eligió a Crates como compañero de vida en una sociedad en la que eran los hombres quienes elegían a sus mujeres. Desde los inicios de la civilización helena, las mujeres se encontraban bajo autoridad patriarcal de los hombres, y con el matrimonio pasaban de estar sometidas al padre a estarlo al esposo. El casamiento era un arreglo comercial entre varones y la mujer, la mercancía que se intercambiaba, pasando de un enclaustramiento a otro. Hiparquia propuso a Crates un acuerdo de amor libre que supuso un ataque directo a la cultura patriarcal. Juntos, autónomos e iguales enseñaron la filosofía que los había libertado a ambos.

Otros perros famosos fueron Metrocles (hermano de Hiparquia, que, antes de ser cínico, estuvo a punto de suicidarse por la vergüenza que pasó al escapársele una ventosidad en público mientras ejecutaba una disertación filosófica), Onesicrito (esclavo de un banquero que se hizo pasar por loco y tiró por los aires las monedas de su amo para obligarlo a que lo liberase), Mónimo de Siracusa (que viajó con Alejandro hasta la India y que compuso un maravilloso relato de viajes), Bión de Borístenes, Menipo de Gádara y Teles (escritores de geniales diatribas cargadas de ironía y parodia). A partir de estos últimos, el cinismo fue dejando de ser una filosofía de vida para convertirse paulatinamente en un tipo de literatura. Estos autores ya no se distinguen por su manera de vivir sino por su forma de escribir: Cércidas de Megápolis, Meleagro de Gádara, Dion de Prusa, Enomao de Gádara, Demonacte, Luciano de Samósata, Máximo de Alejandría y Salustio de Émesa, el último cínico del que tenemos noticia.

3

Helenismo líquido

> Estos son buenos tiempos para el cinismo, inmejorables para el sarcasmo como forma crítica. El «malestar en la cultura» se nos ha vuelto tan agobiante, que lo más eficaz de nuestra sofisticada farmacopea nos estimula a renunciar a ella, la cultura, en la mayor medida posible, o más taimadamente, a consumirla en una forma más abaratada y *light*, en píldoras de fórmula reconocida. El consumismo frenético y la propaganda ensordecedora de tantos productos nos invita a comprarnos gafas y orejeras para ver y oír menos a fin de no embotarnos del todo. Tal vez lo más prudente sería escapar de la civilización que nos abruma, a «la naturaleza» o lo que nos hayan dejado de ella, de tanta perversión civilizadora y tanto progreso desconcertado.
>
> CARLOS GARCÍA GUAL, *La secta del perro*[1]

El cinismo nació durante el helenismo, una época que en esencia no se diferencia mucho de la nuestra. Aquellos hombres comparten con nosotros una misma sensación de hastío y desconcierto con una sociedad en tránsito hacia un destino incierto. Este fue un tiempo en el que las sólidas certezas que daban basamento al viejo mundo comenzaron a licuarse, generando con ello una percepción compartida de inestabilidad, caída y derrota. El helenismo supuso para los griegos el doloroso fracaso de un sueño: el de la *polis* como lugar público donde el individuo podía alcanzar la perfección y la felicidad. Autonomía y plenitud se diluyeron entre los dedos del hombre griego mientras observaba atónito cómo su democracia devenía en autoritarismo. El cinismo fue la reacción valiente de aquellos que no se dejaron vencer por las circunstancias y que entendieron que tanto la libertad como la felicidad son, en último término, una responsabilidad personal.

Helenismo (o *helenización*) significa, simplemente, «hablar griego» o «comportarse como los griegos». El término es un neologismo creado por la historiografía contemporánea. Fue acuñado por el historiador alemán Johann Gustav Droysen en el siglo XIX para aludir al fenómeno de difusión de la civilización helénica más allá del Egeo, así como a la fusión cultural entre Oriente y Grecia, impulsada por Alejandro Magno. Este mundo llegó a su ocaso en la contienda naval de Accio (año 30 a. C.), en la que se enfrentaron la flota de Cayo Julio César Octaviano y la de Marco Antonio y su amada Cleopatra, última gobernante de la dinastía ptolemaica, fundada por Ptolomeo I Sóter, uno de los tres generales que se repartieron el imperio legado por Alejandro. Como observó agudamente el filósofo francés Blaise Pascal: «Si la nariz de Cleopatra hubiera sido más corta, la historia del mundo habría sido diferente», y es que un insignificante azar siempre puede cambiar el curso de los acontecimientos. Lo cierto es que la desaparición de la nariz de la reina egipcia supuso el final definitivo del último de los reinos helenísticos que quedaba en pie. Tras la contienda, Egipto perdió su soberanía y se convirtió en provincia del nuevo imperio, el romano.

La expedición que realizaron los ejércitos de Alejandro desde el 334 al 323 a. C. generó una crisis radical en la sociedad griega: marcó el derrumbe definitivo del mundo clásico y el inicio de un nuevo periodo caracterizado por la inestabilidad y la incertidumbre. Se desvaneció el sueño de crear un imperio universal que tuviese a lo griego como elemento civilizador. Según Plutarco, cuando Alejandro se estaba muriendo, respondió a la pregunta «¿A quién pretendes legar el imperio?» con la respuesta: «Al más digno (*aristos*)». La escena da buena cuenta de los futuros enfrentamientos entre sus tres generales más queridos, que al final decidieron repartirse así su imperio: para el primero, los reinos de Macedonia y Grecia; para el segundo, los reinos de Asia Menor, Siria, Mesopotamia y el antiguo Imperio persa, y para el tercero, el reino de Egipto. Sus generales abandonaron el proyecto cosmopolita y se enzarzaron en una sucesión interminable de guerras y luchas de poder. Estas nuevas instituciones políticas eran débiles, inestables e incapaces de asumir la tarea de construir una «sociedad buena». Las ciudades perdieron su autonomía, y aunque las constituciones reconociesen formalmente su ciudadanía, el ejercicio del poder convertía al ciudadano en un siervo.

La *polis*, el modelo de ciudad-estado como comunidad perfecta en la que los individuos pueden alcanzar su plenitud, se fue resquebrajando hasta derrumbarse. Los ciudadanos perdieron *de facto* la capacidad de gobernarse a sí mismos, primero a manos de los nuevos monarcas y posteriormente cuando Grecia pasó a engrosar la lista de provincias del Imperio romano. Se generalizó una sensación de abatimiento entre la población. La utopía política había muerto. La libertad y la autonomía parecían ser ya tan solo la lejana reminiscencia de un paraíso perdido.

La pérdida del autogobierno devino en una crisis de identidad. Más que una lengua, una religión o una cultura común, lo que daba identidad al griego era formar parte de una comunidad de hombres libres. La democracia era lo que le distinguía del bárbaro. Mientras el resto de los pueblos eran siervos de un solo hombre por su incapacidad para pronunciar una sílaba, esto es, «no», el griego se sentía orgulloso de ser un ciudadano que, junto a sus vecinos, determinaba las normas con las que alcanzar el bien común. Con las nuevas monarquías, su vida pasaba a estar en manos de un poder superior, arbitrario y fortuito. Se popularizó el culto a la diosa Tyche o Fortuna, una divinidad cruel, caprichosa e imprevisible que juega con nuestras existencias, encarnación de las circunstancias que no podemos gobernar. Aquellos hombres convivían con la sensación de no tener el control sobre su destino y de que todo futuro, incluso el más cercano, era incierto. La comunidad se deshilachó, aumentaron las desigualdades y se asistió a un divorcio entre Ética y Política. Ambas disciplinas habían estado fuertemente imbricadas en el mundo griego por compartir un mismo objetivo: la felicidad. La Ética se ocupaba de la vida buena y la Política, de la sociedad buena. La primera debía someterse a la segunda, es decir, los proyectos personales debían estar condicionados a los proyectos comunitarios, porque para un griego, una vida plena solo puede disfrutarse en una ciudad buena. Pero esta idea de que el individuo solo puede alcanzar la felicidad integrándose dentro de la comunidad cívica sufrió el escepticismo del griego que le tocó vivir el hundimiento de la *polis*. Los nuevos estados se desentendieron del bienestar de sus ciudadanos. El nuevo individuo ya no esperaba que la política le hiciese feliz, porque entendió que construirse una vida buena es una responsabilidad individual. Si Aristóteles afirmaba que vivir al margen de la política era solo posible para las bestias y para los dioses, los nuevos tiempos —también los de ahora— obligan al individualismo.

Este escepticismo político tuvo su reflejo en los escenarios de los teatros griegos. La comedia clásica poseía una función social: la de representar historias que hiciesen reflexionar a los ciudadanos sobre los males que hacen peligrar a la *polis*. La función de la comedia era criticar todo aquello que perjudica a la comunidad de ciudadanos: la crispación, el egoísmo individualista, la corrupción o la traición, y señalar con el dedo a los culpables. Las diferentes piezas teatrales llevaban a escena los grandes problemas del momento, como la guerra, la justicia o la educación, con la intención de que los ciudadanos hubiesen reflexionado previamente sobre ellos antes de reunirse en la asamblea para encontrar soluciones a través del diálogo. Pero esto también cambió en la época helenística. La comedia nueva, como las actuales plataformas de contenidos audiovisuales, perdió la función de crítica política para centrarse en el puro entretenimiento. En los teatros de las nuevas monarquías dejaron de tratarse temas políticos. Nadie se atrevió a señalar con el dedo y a cuestionar a los que detentan el poder. Las circunstancias cambiaron: el súbdito perdió el derecho de discernir sobre las políticas que deben gobernar a la comunidad. Las decisiones que afectan a todos se tomaron a partir de entonces desde el palacio, un lugar casi tan alejado del ágora como nuestros actuales mercados financieros.

El helenismo fue una época como la nuestra: de crisis, desarraigo, hundimiento, derrumbe, decepción, pérdida de autonomía, escepticismo, desencanto, desilusión, frustración, inestabilidad, fluctuación, incertidumbre, transitoriedad, precariedad... En definitiva, un tiempo en el que todo lo que hasta ahora era sólido empezó a descomponerse. El mundo que vivieron los pensadores cínicos no dista mucho en esencia del que nos ha tocado a nosotros y que describió de manera brillante Zygmunt Bauman en *Modernidad líquida.* Hoy, al igual que en la época helenística, el ágora ha quedado desierta. Ese lugar donde se buscan, se dialogan y se negocian soluciones públicas para los problemas privados ha quedado vacío. También el hombre de hoy ha ido perdiendo autonomía y derechos de manera progresiva y sistemática; su condición de ciudadano ya apenas lo protege frente a un poder cada vez más ajeno, distante e incontrolable. Aunque nuestras diferentes constituciones afirmen que somos ciudadanos libres, el hecho es que todos vivimos con la sensación de que cada día es más difícil tomar las riendas de nuestro destino y elegir aquello que verdaderamente deseamos hacer.[2]

El fracaso de las democracias modernas es muy semejante al de las *polis* griegas. Nuestra era nació impulsada por un programa emancipador que pretendía devolvernos la libertad perdida. Los parlamentos reavivaron el autogobierno de las antiguas asambleas griegas. Las constituciones de nuevo cuño protegieron los derechos de todos los individuos, reconstruyeron la comunidad y diseñaron un programa para edificar una «sociedad buena». La razón se fue abriendo camino entre la superstición y el dogmatismo, y su florecimiento dio como fruto el progreso social y económico. Pero nuestro tiempo ya es otro, y, tal como describe Bauman, asistimos al colapso gradual y a la lenta decadencia de la ilusión de la modernidad. Hoy nos levantamos conscientes de que, por mucho que nos esforcemos, jamás podremos construir la sociedad buena y justa que los hombres de otros tiempos soñaron.

Al igual que ocurrió durante el helenismo, la felicidad ha quedado reducida a una responsabilidad individual. Cada cual debe decidir el modelo de existencia y los valores por los que regirse. Si no es capaz de tomar una decisión, el mercado ofrece una amplia variedad para consumir. Ya nadie espera que la comunidad le solucione los problemas, porque «nuestros problemas» han dejado de ser «nuestros» para convertirse en «tus problemas», y por tanto deben ser resueltos individualmente. Los proyectos comunitarios que sumaban a los individuos han muerto. Podemos estar juntos, pero no unidos. El interés general ha quedado reducido a un agregado de egoísmos y el bien común ha sido sustituido por la voluntad de la mayoría, una de las múltiples formas que tiene la tiranía.

En ambas épocas (la helenística y la nuestra), la pérdida de marcos de referencia genera en el individuo la sensación de que todo se mueve y se desplaza, de que nada es seguro. Y cuando el futuro se vuelve impreciso no parece sensato sacrificar el interés individual por un proyecto común. La precariedad, la transitoriedad, la inestabilidad, la incertidumbre, la desprotección y la inseguridad son símbolos de nuestro tiempo. La antigua diosa Fortuna vuelve a gobernar nuestras vidas.

Las *polis* griegas quedaron sometidas primero a la voluntad de los nuevos monarcas y luego al poder de Roma, como nuestros parlamentos están subyugados a la tiranía de los mercados financieros. Asistimos a una disolución de los vínculos cívicos y a una crisis de valores muy similar a la acaecida en tiempos del cinismo. Al igual que entonces, los ideales políticos, éticos y religiosos se resquebrajan y vuelve a surgir una población desesperanzada, sumisa, obediente, callada, incapaz de organizarse y de oponer resistencia, derrotada, desarticulada, dúctil, maleable y manejable. En un mundo así, la filosofía cínica vuelve a ser un referente y una guía de existencia. El cinismo puede hoy curarnos, como ya lo hizo antes, de la insensatez y del debilitamiento moral, ayudarnos a recuperar la libertad y la fuerza de voluntad (arrebatada, perdida), y permitirnos vivir serenos en mitad de un mundo que naufraga. Ser un buen cínico, tanto antes como ahora, exige negarse a hacer de la existencia un producto estandarizado por el mercado y tener el coraje de hacer de la vida una obra de arte: dotar a cada acción, por cotidiana que esta sea, de un máximo de autonomía, originalidad y autenticidad. En un mundo de súbditos, un cínico se levanta libre, autárquico y plenamente feliz.

4

El punk, el perro y el maldito Prometeo

> La música debe ayudar a toda esa chatarra que conocemos como sociedad británica. La música tiene que mostrar salidas para vencer el estancamiento. Tiene que ser sincera, pero también tiene que ser una broma.
>
> JOHNNY ROTTEN,
> vocalista del grupo Sex Pistols

CÍNICOS ELÉCTRICOS

Aunque desconocemos si alguno de nuestros filósofos llegó a dejarse cresta, un cínico y un punk comparten lugares comunes. El punk ha conservado algunos de los principios centrales del cinismo, como la *parresía* (franqueza de palabra) y la *anaideia* (desvergüenza), y por ello puede servirnos como una imagen moderna de esta filosofía existencial antigua. A través del punk, más cercano a nosotros, podemos entender con facilidad en qué consistía ser un cínico.

El punk fue un movimiento contracultural que rescató y actualizó los postulados existenciales del cinismo a golpe de guitarra amplificada. Surgió en Inglaterra y Estados Unidos durante los años setenta como la respuesta que un grupo de jóvenes ofreció a una sociedad que les había dado la espalda en un momento de profunda crisis económica. Las tres sociedades —la griega, la inglesa y la estadounidense— se caracterizaban por tratar de imponer a los individuos un amplio código de rígidas normas de conducta y un único modelo de ser humano. Al individuo de estas sociedades se le dejaba bien claro qué era lo que debía hacer para ser un «ciudadano decente».

En los garajes de los barrios obreros de ciudades como Londres se reunieron grupos de adolescentes insatisfechos, rebeldes y contestatarios, dispuestos a dejar de ser niños buenos. Deseaban mostrar al mundo su descontento con una sociedad que los había traicionado arrebatándoles su futuro. Aceleraban y amplificaban sus guitarras. Con apenas tres acordes, componían canciones simples de letras agresivas, francas y claras. Tocaban más alto, más rápido y más fuerte porque tenían mucho que decir allí donde todos callaban. Como los antiguos filósofos cínicos, estos jóvenes díscolos se atrevieron a gritarle las verdades a una sociedad hipócrita, eligieron vivir a contracorriente de una cultura que ocultaba la situación de alienación y opresión del individuo, y apostaron por una estética que los diferenciase todo lo posible de aquella sociedad que criticaban.

A diferencia del movimiento hippie (los epicúreos del siglo XX), el punk (como el cinismo) es urbano: no se recluye en el jardín ni huye al campo, sino que se instala en el ágora, el corazón de la ciudad, para sacar a la luz aquello que el sistema desea que quede oculto. El punk no confía en la paz y el amor de la revolución *flower power*, puro voluntarismo, y por ello adopta una estrategia similar a la cínica, de confrontación directa con el sistema a través de una crítica agresiva, satírica y mordaz. Frente a músicas que cantan lo que los hombres sueñan ser, el punk canta lo que realmente somos, nos guste o no. Tanto el punk como el cínico no pretenden agradarnos, sino hacernos reaccionar.

Otra cosa que comparten cínicos y punks es una similar etimología: ambos términos son un insulto. *Punk* es un improperio que se usó contra los jóvenes que iniciaron el movimiento, con intenciones similares a como se había utilizado *cínico* en la antigua Grecia. La palabra inglesa viene a significar algo así como «basura», «vago», «despreciable» o «escoria», y la empleaban aquellos que no soportaban el comportamiento incivilizado de estos jóvenes. Siendo coherentes con su actitud contracultural, provocativa y burlona, los primeros punks, al igual que los primeros cínicos, lejos de ofenderse, adoptaron el improperio como escudo de armas. Con el tiempo, el término *punk* vino a significar una filosofía existencial que se resume con el lema «hazlo tú mismo» o «hazlo a tu manera» y que defiende unos principios de inspiración claramente cínicos: incomodar lo establecido, rechazar los dogmas religiosos y morales, provocar a través de la transgresión y la excentricidad, ofender al buen gusto, cuestionar a la autoridad, despreciar las modas, denunciar la manipulación mediática, criticar tanto el capitalismo como el consumismo que lo sostiene, enarbolar la bandera del pensamiento crítico, molestar al sistema que controla y organiza la vida del individuo, abogar por posiciones libertarias y antifascistas, luchar contra el miedo a las repercusiones sociales, contrariar y entristecer a la masa borreguil y, en definitiva, devolverle, sin miedo, la mirada al poder para sacar a la luz sus contradicciones. El movimiento punk rescató el ideal cínico de «asalvajar la vida». En ambas filosofías de vida hubo un deseo de regresar a lo primitivo porque tenían el convencimiento de que el supuesto progreso de la civilización conduce a un callejón sin salida. Los punks hicieron uso de su estética para llamar la atención a navegantes y obligarnos a corregir el rumbo. Sus pinchos, sus tachuelas y sus crestas nos alertaron de que la nave va por el camino de encallar. Generaron conmoción, repulsión y escándalo hacia una cultura dominante creada por dominadores. Valoraron lo sucio, lo estridente y lo iconoclasta. Apostaron por una vida tribal y primitiva en las calles de las grandes ciudades. Cuando la civilización falla, lo mejor es recordar que no dominamos la naturaleza, pertenecemos a ella.

Filósofos punkarras

El cinismo, el antiguo punk, fue una filosofía contracultural que propuso la recuperación de nuestra animalidad como camino hacia la virtud y la felicidad. Tomó como blasón al perro precisamente por la nefasta consideración que este animal poseía en la sociedad griega.[1] Para los griegos, el perro es el más punkarra de todos los animales: el más impúdico, desvergonzado, egoísta y libertino. En nada comparable a las hormigas o las abejas, animales sociales y bellos modelos de civilización. Los canes, en cambio, no sienten ningún respeto por el orden social. Su manera natural de vivir supone un cuestionamiento de los valores establecidos y de la conducta gregaria. El comportamiento incívico de un chucho es un ultraje a la cultura dominante. El atributo esencial del perro es su falta de vergüenza, y para los griegos este sentimiento de pudor es fundamental para la vida civilizada ya que sobre él se asientan las normas sociales.[2] Sin vergüenza la norma pierde su fuerza, y sin pautas no hay gregarismo. El perro vive liberado de la presión de la masa y de todo artificio alienante y represor. El can simboliza la obscenidad bestial, franca y fresca, la pura espontaneidad primitiva que permite a nuestra naturaleza manifestarse tal cual es, sin ornamentos ni imposturas.

Un cínico vive como un perro: en la ciudad de los hombres pero conculcando la conducta gregaria. El cínico estudia el comportamiento natural del perro y aprende de él cómo sobrevivir en la sociedad humana. Un perro no venera los espacios sagrados: orina sobre las estatuas de los dioses, duerme en los pórticos de los templos y roba la comida que las personas devotas dejan como ofrenda. No se esconde para satisfacer sus necesidades, sino que lo hace a plena luz del día, delante de todo el mundo, en el mismo instante en que le llega la llamada de la naturaleza. Practica el sexo sin conocer el recato, mucho menos el pecado. Disfruta de los placeres de la carne como nosotros disfrutamos del placer de la comida: en público y cuando tiene apetito. El cínico aprende del perro a no respetar más autoridad que la de la naturaleza. Mientras en la vida civilizada, unos hombres se dejan maltratar por otros, muchos son incapaces de reconocer a sus verdaderos amigos y la mayoría, buscando ser aceptados por los demás, desarrollan comportamientos absurdos que los malogran, el perro sabe cómo adaptar su conducta en función de las circunstancias, siendo cariñoso con aquellos que lo tratan bien y defendiéndose con agresividad de los que pretenden agraviarle. Tanto el perro, de manera natural, como el cínico, mediante el ejercicio de la razón, se liberan de las insanas estupideces de los seres humanos.

En la antigua Grecia se utilizaba el calificativo de «perro» para insultar al sinvergüenza, a todo aquel que no se comportaba «como dios manda» y que osaba transgredir las sagradas normas de la ciudad, fundamentadas en el sentimiento de vergüenza que se adquiere a través de una «buena educación». Desde los poemas de Homero, llamar «perro» a alguien suponía insultarlo gravemente. Por ejemplo, en el Canto I de la *Ilíada*, podemos observar cómo Aquiles, encolerizado hasta las entrañas con el rey Agamenón cuando este último le humilló delante de todos los guerreros al arrebatarle por la fuerza el *geras*, es decir, el «presente de honor» que cada guerrero recibía en relación con el heroísmo demostrado y a su jerarquía dentro del ejército, no encontró palabras más hirientes que estas: «¡Tú, cubierto de desvergüenza! ¡Corazón codicioso! (149) [...] Cara de perro (159) [...] ¡Borracho con cara de perro! (225)».[3] Y unos versos más adelante, Homero nos cuenta que cuando Helena contemplaba desde las altas murallas de Troya, junto al rey Príamo, a Agamenón comandando el ejército aqueo, le embargó un profundo sentimiento de culpa, y se dijo a sí misma: «Era cuñado mío, de mí, ¡cara de perra!».[4] En la lengua griega solo existe un denuesto aún más violento que el de «perro», y es «mosca de perro»;[5] así califica Ares a Atenea cuando esta le demuestra poseer una mente muy superior tanto dentro como fuera del combate. El carácter peyorativo de lo perruno se reflejaba también en la vida cotidiana del griego, concretamente en uno de los juegos más populares de la época: los dados. Este pasatiempo se practicaba con tres cubos de barro con las caras marcadas con letras que se correspondían con números. Si la tirada más alta (tres veces seis) era nombrada como la «tirada de Afrodita», la más baja (tres veces uno) era la nefasta «tirada del perro».[6]

Los cínicos se identificaron con el término *perro* por la misma razón por la que los jóvenes contestatarios de los setenta eligieron el de *punk*. En griego, pocas palabras expresan mejor el modelo contracultural que los cínicos quisieron encarnar. El filósofo cínico, harto de la artificialidad de la vida civilizada, de sus modas, sus costumbres y sus valores, aspira a ser un desvergonzado perro antes que una decente persona normal, y sueña con una vida más sencilla, más natural, más franca y más auténtica, porque como cantaba Propercio: «Espontáneamente nace mejor la hiedra, el madroño crece más hermoso en solitaria cueva, y el agua sabe correr por caminos que nadie le ha enseñado [...] y los pájaros trinan más dulcemente sin ningún aprendizaje».[7] Estos filósofos hicieron uso de la heráldica canina para simbolizar su ideario: ser un perro significa asalvajar la vida y atreverse a disfrutar de una libertad natural.

Morder a Prometeo

Como los punks, los cínicos renunciaron al confort que la civilización ofrece porque eran conscientes de que este no se paga con dinero, sino con las horas de vida que empleamos en conseguir ese dinero. En la mitología griega, Prometeo es la encarnación de la vida civilizada que el cínico rechaza. Los antiguos relatos lo presentan como el protector de la humanidad, aquel que nos civilizó, alejándonos del mundo natural en el que viven el resto de los animales. Este «primo» de Zeus, nos modeló con arcilla y nos dotó de lo necesario para vivir humanamente: la capacidad de andar erguidos, trabajar, construir, domesticar a los animales, recoger los frutos de la tierra, pero, sobre todo, la técnica para usar el fuego obtenido de una chispa del carro del sol. En cierta ocasión, el padre de los dioses fue engañado por su primo y, lleno de rencor, decidió vengarse retirándonos el fuego a los hombres. Prometeo acudió en nuestro auxilio y robó el fuego de la sagrada fragua de Efesto para... ¿salvarnos?, preguntaría un cínico. Cuando Zeus tuvo noticia del acto de pillaje y desobediencia, con sus entrañas llenas de ira y sus ojos semejantes al llameante fuego, sació su venganza encargando a Pandora liberar todas las desgracias, fatigas y enfermedades que desde entonces llenan de oscuro sufrimiento la vida de los hombres. En cuanto a Prometeo, pagó su insumisión en el Cáucaso, donde fue encadenado con cables de acero para que un águila le devorase el hígado todos los días, ya que se regeneraba constantemente.[8]

Platón, en su diálogo *Protágoras*, usó el mito de Prometo para justificar la bondad de la civilización, del progreso técnico y de la comunidad política. En la versión platónica, Zeus termina apiadándose de la humanidad y contribuye a la causa de Prometeo ordenando a Hermes, mensajero de los dioses, que reparta a todos y cada uno de los hombres *aidós* (pudor, vergüenza y sentimiento moral) y *díke* (sentido de la justicia). Según Platón, si los hombres no compartiésemos estos dos sentimientos sería imposible la vida civilizada, no existirían las ciudades, y por ello el Zeus platónico decretó que a quien fuese incapaz de participar de la moralidad y de la justicia de la ciudad lo eliminasen como a una enfermedad.[9]

La versión cínica del mito se encuentra en las antípodas de la platónica. El cínico condena a Prometeo por haber construido para los hombres una jaula de oro. El águila protectora de la humanidad castiga justamente al «opresor de los hombres» por habernos enjaulado en su civilización. Una jaula es una jaula, nada importa si está construida con dorado metal o con oxidado hierro, la angustia sentida por no poder movernos ni saber cómo escapar es exactamente la misma. Un buen cínico es un verdadero filántropo que se apiada ante el cautiverio en el que se encuentran la mayoría de sus congéneres, y por eso se alía con el águila de Zeus para morderle el hígado a nuestro carcelero. Esta es una de las interpretaciones cínicas del mito prometeico: «Por ello creía también [Diógenes el cínico] que el "mito contaba que Zeus había castigado a Prometeo por el descubrimiento y la transmisión del fuego, porque este fue el origen y punto de partida del relajamiento y la molicie de los hombres"».[10]

Diógenes subvierte el mito para presentar a Prometeo no como un benefactor, sino como un enemigo de la humanidad: fueron sus falsas promesas de progreso y su civilizado confort lo que nos alejó de la vida natural, feliz y sencilla, y nos hizo blandos, egoístas y corruptos. Hoy podemos seguir escuchando las falsas promesas de Prometeo en el progreso técnico. Cada nueva tecnología nos asegura una vida más cómoda, más placentera o más fácil, pero, como hacían los cínicos, deberíamos preguntarnos a cambio de qué.

5

La sociedad a la que el perro ladra

> Los atenienses llamaban perro a Diógenes porque su lecho era el suelo y dormía en las calles junto a las puertas, porque Diógenes amaba el sobrenombre por parecerle ajustado a sus actividades... Pues, efectivamente, al perro se le concedió distinguir a los amigos por el hábito de verlos, mientras que al filósofo se le dio la inteligencia, que es superior a los ojos, para que, una vez que discerniera al amigo y al enemigo, atrajera a aquel y alejara a este, no para satisfacer su ira o morderle, sino para corregirle mediante la reprensión, curarle y, tras extraer los vicios ocultos como de un mordisco, sacarlos a la luz.
>
> TEMISTIO, *Sobre la virtud*[1]

Los cínicos combatieron, tanto con su pensamiento como con sus vidas, una cultura patriarcal, clasista y misógina, fuente de la que bebe y base que soporta a la nuestra. La civilización griega unía de forma indisoluble ciudadanía y servicio militar, de tal manera que el modelo de buen ciudadano era exactamente el mismo que el de buen guerrero: un varón bien nacido, disciplinado, que respeta la autoridad, las tradiciones de los antiguos y las sagradas normas, que controla sus emociones, pero que sobre todo posee la capacidad de sacrificarse por el grupo. El gimnasio era la institución encargada de educar a los jóvenes en esas virtudes, modelando no tanto su cuerpo como su carácter. El ideal de hombre que se proponía como modelo a imitar sigue siendo el mismo para nosotros: el varón rico y digno de honores. Pero frente a este estándar en el que los jóvenes eran educados, el cínico defendió, con garras y dientes, los contraideales de la mujer y del pobre.

Gruñir al patriarcado

La sociedad griega trataba a la mujer como a un ser humano inferior, una eterna menor de edad, que debía mantenerse en una relación de sometimiento y dependencia a un varón a lo largo de toda su existencia: primero al padre y luego al marido. Se la consideraba un ser irracional, incapaz de dominar sus emociones, débil físicamente e incompetente para tomar decisiones; razón por la cual no se le permitía participar en las asambleas, ni ostentar cargo público alguno, ni administrar justicia, ni ser propietaria de un bien, ni responsable de una actividad económica, ni servir en el ejército, ni practicar la filosofía, ni, en definitiva, realizar cualquier tarea propia de los hombres. El lugar de la mujer estaba en la casa, donde era enclaustrada y segregada de por vida. Sus únicos roles eran los de esposa y madre; su tarea, la crianza de los hijos y el telar; no era dueña de nada, ni siquiera de su sexualidad. Las virtudes que debía cultivar eran la obediencia, la discreción y la laboriosidad; el peor de los vicios, entrometerse en los asuntos de hombres. Si el niño griego miraba hacia el mundo, la niña miraba hacia el hogar. Esta cultura patriarcal expulsaba a la mujer de la vida pública a la vez que la instaba a dedicarse en exclusividad a las tareas domésticas, al cuidado de los hijos y la satisfacción de su marido.

El patriarcado era un complejo sistema de relaciones que ocasionaba que la mujer, desde su infancia, estuviese sistemáticamente oprimida por el varón. Celia Amorós lo definió como un pacto entre hombres de todas las clases sociales para apropiarse del cuerpo de la mujer y, por extensión, de sus hijos y de su trabajo.[2] Los cínicos defendieron una igualdad natural entre seres humanos y se opusieron a todo tipo de relación de poder entre seres humanos; por eso mismo combatieron con fiereza esta institucionalización de dominio masculino sobre la mujer. El cinismo denuncia cómo las convenciones sociales crean discriminaciones artificiales de género (también por raza, riqueza, nacimiento o estatus social) entre la especie humana, a pesar de que por naturaleza todos somos iguales. Es la civilización la que nos educa en una antinatural desigualdad entre mujeres y hombres que debemos esforzarnos en desaprender. Así se lo recordaba Crates a Hiparquia:

> Las mujeres no nacen inferiores a los hombres. Las amazonas, en efecto, que realizaron tan grandes hazañas, no fueron inferiores en nada a los hombres. Así pues, si recuerdas esto, no olvides aquello, porque no nos convencerías diciendo que la mujer es de naturaleza débil. Sería vergonzoso que practiques el cinismo bajo esa condición y que, habiendo gozado incluso de renombre ante las puertas de la ciudad junto a tu marido, cambies ahora de modo de pensar por la riqueza y te vuelvas en la mitad del camino.[3]

Toda frontera es una invención que se aprende a ver con el tiempo, después de un largo proceso de adoctrinamiento. Se necesita un decidido esfuerzo racional para arrancar de la mirada los meridianos y paralelos que cartografían, clasifican y jerarquizan la única humanidad a la que todos pertenecemos. El cinismo de Hiparquia de Maronea desdibujó las líneas imaginarias que separaban mujeres de hombres. La vida de esta perra fue una sofisticada maquinaria contracultural que hizo saltar por los aires el estereotipo de mujer socialmente impuesto y marcó un camino de empoderamiento que a lo largo de la historia recorrerían muchas mujeres, acompañadas de muchos hombres.

Escupir a la riqueza

El pobre es el otro antimodelo social por el que el cínico abogó en una cultura que alababa la riqueza. Los griegos entendían la pobreza en un sentido amplio, no solo como la falta de medios para vivir, sino, de forma general, como la incapacidad de ser autosuficiente económicamente. Existían diferentes estratos que iban desde el trabajador asalariado hasta el mendigo, pasando por el esclavo, y todos ellos tenían en común que, en mayor o menor grado, implicaban una relación de dependencia y subordinación que se consideraba vergonzosa. El pobre carecía de tres de los atributos principales del ciudadano griego: libertad, gobierno de sí mismo y capacidad de tomar decisiones; esto lo convertía, como a la mujer, en un ser humano inferior. La distinción griega entre riqueza y pobreza es muy diferente a la nuestra. Nosotros usamos un criterio cuantitativo: la posesión de una cierta cantidad de bienes, generados, en la mayoría de los casos, mediante el trabajo. Una cifra marca el umbral tanto de entrada como de salida de cada una de estas categorías. En el imaginario actual, si la palabra *rico* se une a la de *millones,* la de *pobre* está ligada a las de *ingreso mínimo.* En cambio, el criterio usado por los griegos era cualitativo: la necesidad de trabajar. Se era rico si se podía disfrutar de una vida ociosa, y pobre si se estaba obligado al trabajo por no tener lo suficiente para subsistir.

Pobreza y riqueza tenían un significado moral para los griegos. Si la pobreza era considerada como un castigo de los dioses y un estigma social, la riqueza era una bendición y una fuente de dicha. Esta última era condición necesaria para el desarrollo de las virtudes propias del ser humano y para disfrutar de una vida feliz, mientras que la primera era causa de corrupción y toda una desgracia. La pobreza incapacita el perfeccionamiento de la persona. El ideal griego era el del hombre rico cuya fortuna le liberaba de la deshonesta tarea de trabajar, y lo único más deshonroso que ensuciarse las manos en una faena era usarlas para pedir limosna. Su dinero le permitía dedicar la vida a labores que ennoblecían su espíritu y que lo distinguían del vulgo: asistir con sus iguales a la asamblea, tomar decisiones sobre el devenir de la ciudad, asumir una responsabilidad pública, dedicarse al cultivo de la filosofía, celebrar banquetes, sufragar obras o ejercer de mecenas, etc. La riqueza del hombre rico era el justo premio con el que los dioses bendecían su excelencia. Su patrimonio le permitía convertirse en «ciudadano ejemplar» y practicar una filantropía que la sociedad recompensaba con el reconocimiento público: discursos, banquetes, títulos, puestos de honor, inscripciones, estatuas, etc.

Si la abundancia era una gracia con la que los dioses premiaban la excelencia, la pobreza era un justo castigo al vicio que no merecía compasión alguna, por eso Platón afirmaba con rotundidad que no es digno de compasión «el que tiene hambre o pasa un sufrimiento de este tipo, sino el que es prudente o con una cierta excelencia o parte de esta, si sufre, además, alguna desgracia».[4] El pobre, como la cigarra de la fábula atribuida a Esopo, se merece la situación de indigencia en la que vive. Los cínicos transmutaron estos valores y consideraron la riqueza como una fuente de corrupción y esclavitud; prefirieron ser una cigarra menesterosa que una hormiga alienada. Optaron por un ideal contrario al comúnmente aceptado: una vida natural y sencilla, como la de nuestros hermanos animales que poco necesitan, carente de fama y honores, pero rica en virtud y libertad:

> «El camino hacia la virtud es esforzado y es preciso que los hombres sabios practiquen el cinismo.» Esta es una doctrina filosófica. Su definición es la de «El camino abreviado para la virtud». El objetivo del cinismo es «vivir de acuerdo con la vir-

tud», como hicieron Diógenes y Zenón de Citio. Es de su agrado vivir con sencillez, sirviéndose de los alimentos suficientes, despreciar la riqueza, la fama y la nobleza de nacimiento.[5]

La condena cínica de la riqueza fue interpretada no tanto como un acto de locura, sino como un menosprecio a los cimientos morales de la sociedad. Diógenes la llamaba «vómito de la fortuna» y afirmaba que «la virtud no puede habitar ni en una ciudad ni en una casa ricas».[6] Fueron muchos los que censuraron la pobreza que abrazaron los cínicos, y cuando esto ocurría, el filósofo de Sinope recordaba que nunca vio a nadie sometido a tortura por la pobreza, pero sí a muchos por el lujo,[7] y que es la riqueza, no la pobreza, la que crea a los tiranos.[8] La pobreza cínica fue contracultural: su elogio de la escasez era la antítesis del ideal griego de varón rico y autosuficiente.

La austeridad cínica sería considerada también hoy como un acto subversivo, un gesto de impiedad contra el capitalismo, una religión sin dogmas ni moral en la que la mercancía es el fetiche adorado por medio del rito del consumo. Los sacerdotes del mercado que adoctrinan generando necesidades artificiales y falsas creencias tratarían de herejes a los cínicos. Keynes, en su *Teoría general del empleo, el interés y el dinero,* afirmó que el dinero se ha convertido en nuestro dios. Todas las funciones que antes desempeñaba la divinidad han sido hoy asumidas por el capital. El «Dios dinero» ofrece seguridad y garantiza el futuro, es todopoderoso, omnipresente, no hay nada que no pueda conseguir, inmaterial y trascendente (¿dónde se encuentra? En ningún lado y en todas partes), y es fecundo porque el capitalismo permite especular con él. Nuestra religión solo impone un único precepto, que el cinismo transgrede: consumir continuamente desde cualquier lugar. Donde nosotros vemos salvación, el cínico solo vería condena.

El honor era el fundamento de la moral griega. Vivir en la *polis* era participar en una competición por encarnar los ideales sociales y por el reconocimiento social. Nada era más importante que la opinión y el aprecio de los demás. La fama y la gloria eran la remuneración que la sociedad ofrecía al hombre decidido a encarnar fielmente el modelo que ella impone; el oprobio y la marginación eran el castigo para todo aquel que osase regirse por otros valores y normas. Aquiles, el más grande de los héroes griegos, estaba tan obsesionado con alcanzar la gloria que prefirió morir joven para ser recordado. Con su muerte, antes de la caída de Troya, consiguió, tal y como su madre le había predicho, una vida corta seguida de una fama inmortal. Los griegos celebraron fastuosos funerales, construyeron monumentos en su honor y contaron sus historias para que su nombre perdurase para toda la eternidad. Los relatos homéricos eran los textos con los que se educaban moralmente los jóvenes, y sus héroes, ejemplos a imitar; era lógico que los griegos estuvieran tan fascinados como Aquiles por alcanzar la fama. En cambio, Antístenes afirmaba que la carencia de fama es un bien y que el sabio no se rige por las leyes establecidas, sino por las de la virtud;[9] y Diógenes, cuando un joven le preguntó qué debía hacer para alcanzar la fama, le respondió: «Preocupándote menos de la fama».[10]

La cultura del honor educaba en la vergüenza: no solo enseñaba a los niños cuáles eran los modelos a imitar y las convenciones a cumplir, sino también a autoinfligirse el correctivo sentimiento de pudor cuando se apartaban del camino trazado por la sociedad. En los textos homéricos, usados para educar y moldear el espíritu de los griegos, los hombres no son autónomos, viven insertos en una tradición que los envuelve con un rígido e inflexible manto de normas y valores sociales que no pueden cuestionar sin caer en el oprobio y el desprecio de los demás. Todos los jóvenes griegos conocían la historia de Áyax el Grande, que prefirió quitarse la vida antes que seguir sufriendo la ignominiosa vergüenza. Tras la muerte de Aquiles, Odiseo y Áyax se disputaron su armadura, y Agamenón decidió entregársela al primero. El Ayante enloqueció de furia, y, sumido en un delirio de odio y rencor, mató un rebaño de ovejas confundiéndolo con la asamblea de los reyes aqueos. Cuando despertó de su locura y contempló cómo había deshonrado su espada de guerrero con sangre de animales mansos, sintió que su honor se desvanecía bajo la mirada atónita de sus compañeros de armas, y fueron tales el oprobio y la humillación, que se abrió el vientre para recuperar su orgullo, proclamando que solo las armas de Áyax habían conseguido herir la piel de Áyax.

Los antiguos griegos consideraban la vergüenza como una emoción humanizadora que nos eleva por encima de los animales salvajes y permite la vida civilizada. Las fieras no sienten pudor, por eso su mundo es cruel y brutal, como recoge la fábula del halcón y el ruiseñor, atribuida a Hesíodo y usada para educar a los niños griegos. En el relato, el ave cantora chilla cuando se ve atrapada entre las garras de la rapaz y pide clemencia, pero el halcón le recuerda que entre animales no existe la justicia, solo rige la ley del más fuerte:

> Infeliz. ¿Por qué chillas? Ahora te tiene en su poder uno mucho más poderoso. Irás a donde yo te lleve por muy cantor que seas y me servirás de comida si quiero o te dejaré libre. ¡Loco es el que quiere ponerse a la altura de los más fuertes! Se ve privado de la victoria y, además de sufrir vejaciones, es maltratado.[11]

Hesíodo también cuenta que como Zeus no quiso que situaciones así se diesen entre los hombres, nos dotó del sentido de la vergüenza y decretó que en las ciudades donde este no fuese respetado, la ruina y el hambre acudiesen rápidamente como justo castigo; y que la prosperidad y la riqueza fuesen recompensas para las ciudades que sí lo acatasen. Los cínicos consideraron la fábula de Hesíodo como un relato ideológico diseñado para transmitir a los niños una moral errónea, ya que no solo hay mucha más virtud en el mundo de los animales que en el de los humanos, sino que, además, la desvergüenza es necesaria para poder ir a contracorriente de todo lo que nos daña y llevar una existencia auténtica. Existen dos tipos de personas: las que siguen sus propios deseos y las que siguen el deseo de los demás, y lo que marca la diferencia es que las primeras no sienten vergüenza al contrariar a las segundas. Es por ello que Diógenes proponía al que quisiera ser cínico:

> Tienes que ser impúdico y osado e insultar a todos por igual, reyes y particulares, porque así se fijarán en ti y te considerarán varonil. Que tu voz suene a extranjera y con el tono destemplado, igual que la de un perro, el rostro tenso, el paso adecuado a un rostro de ese tipo y, en conjunto, ofreciendo un aspecto completamente bestial y salvaje. Deben estar ausentes el pudor, la cortesía y la moderación, y borra completamente el rubor de tu cara.

Los cínicos despreciaron la fama y el honor con los que la sociedad compraba la libertad del individuo; se entrenaron para arrancar de sus almas el sentimiento de pudor social y así poder gozar de plena autonomía para construirse una vida auténtica. Estos desvergonzados filósofos denunciaron la hipocresía que se esconde tras una sociedad que se escandaliza con la masturbación, una acción que no es más que la satisfacción de una necesidad natural, pero que no se avergüenza ante los vicios que denigran a los humanos como la codicia, la mentira, la impostura, la ostentación, la jactancia, la fanfarronería, la vanidad, la estupidez, la superstición, la molicie, la incontinencia, el derroche, la insaciabilidad o la insensatez, que se realizan en pleno día, ante la mirada cómplice de los demás. La actitud del cínico ante estos vicios fue la de morderlos, con descaro y humor, para sacarlos a la luz, como reflejan estas dos anécdotas de Diógenes:

> Al ver el mismo [Diógenes] a los criados de Anaxímenes transportando muchos enseres, les preguntó: «¿De quién son esos enseres?». Y al responderle ellos que de Anaxímenes, les dijo: «¿Y no se avergüenza de poseerlos sin ser dueño de sí mismo?».[12]

> Al ver [Diógenes] a un arpista insensato afinar el arpa, le dijo: «No te avergüenzas de armonizar los sones al madero y no armonizar tu alma para la vida».[13]

La filosofía cínica enseña un correcto sentido del pudor que facilita alcanzar la virtud aborreciendo los verdaderos vicios, y no parece que nosotros hayamos avanzado mucho desde entonces. Seguimos teniendo bastante desnortado el sentido del decoro; sirvan para atestiguarlo estas palabras del escritor George R. R. Martin, autor de la famosa saga *Juego de tronos*, refiriéndose a la indignación que provocan las escenas eróticas de sus libros:

> Puedo describir un hacha que penetra en un cráneo humano con gran detalle explícito y nadie parpadeará dos veces. Proporciono una descripción similar, tan detallada, de un pene que penetra en una vagina, y recibo cartas al respecto. En mi opinión, esto es algo frustrante, es una locura. En última instancia, en la historia, los penes que entran en las vaginas han dado mucho placer a muchas personas; hachas entrando en cráneos, bueno, no tanto.

6

El gimnasio del perro

> [Antístenes] disertaba en el gimnasio de Cinosarges, que estaba algo alejado de las puertas de la ciudad. Por eso algunos [dicen que] a causa de ello fue llamada [filosofía] cínica. Él mismo era apodado *Perro genuino.* Y fue el primero en doblar el manto de paño tosco, según dice Diocles, y se servía únicamente de él. Y adoptó el bastón y el zurrón.
>
> DIÓGENES LAERCIO, LVI, 13

EL GIMNASIO FRENTE A LA ACADEMIA

Antístenes enseñó el cinismo en una palestra, la del gimnasio de Cinosarges (que podemos traducir por «perro blanco» o «perro veloz»), uno de los más antiguos de la ciudad blanca, donde acudían los hijos bastardos y los esclavos liberados. La segregación social decretada por Pericles provocó que este lugar terminase siendo el centro de reunión y de reafirmación de los desarraigados.[1] En las diferentes salas de este gimnasio se juntaba el vulgo, el populacho y los parias. Allí no se practicaba una filosofía académica y elitista, sino popular y callejera.

Frente al recinto canino se erigía llena de orgullo la Academia, fundada en el año 387 a. C., junto a los jardines de plátanos y olivos de otro de los gimnasios de la ciudad, dedicado a los ciudadanos legítimos y consagrado al mítico héroe Academo.[2] Según la tradición, Platón ordenó que sobre la puerta de su escuela una inscripción advirtiese a los plebeyos en geometría de que debían mantenerse alejados. El cartel de la Academia recuerda inevitablemente al de «cuidado con el perro» que algunos colocan en el muro exterior de sus casas por miedo a que el mundo se les meta dentro. El letrero platónico es una declaración de guerra al intelecto vulgar,[3] a las gentes sin suficientes medios económicos para dedicar la totalidad de su existencia a la contemplación de las ideas, a los que tienen que ocuparse primero en vivir antes de ponerse a filosofar, a aquellos cuyas manos curtidas atestiguan que llevan más una vida de perros que de «filósofos».

El gimnasio de los cínicos se ubicaba junto al Iliso, el río que corría por el exterior de las murallas de Atenas y no muy lejos de una de sus puertas de entrada. Las orillas del Iliso eran un lugar idílico donde el hombre de la ciudad podía religarse con la naturaleza:[4] estaban cubiertas de verdes praderas de hierbas y custodiadas por grandes árboles que ofrecían sombra a los paseantes. Este emplazamiento era uno de los predilectos de Sócrates, precursor del cinismo, para dar sus enseñanzas a sus discípulos, entre los que se encontraba Antístenes, mientras paseaba. Quizá fue esta otra de las razones por las que el cínico eligió este lugar para transmitir su doctrina.

Los antiguos gimnasios eran recintos donde los griegos adiestraban tanto el cuerpo como el espíritu. En ellos se practicaba paralelamente la lucha y la conversación. Eran los auténticos hogares de la vida social, donde los ciudadanos que tuviesen más de doce años podían entrenarse, pero sobre todo encontrar a iguales con los que dialogar sobre los asuntos de la ciudad o sobre la última tragedia estrenada en el teatro. La mayoría disponían de un vestuario para guardar la ropa —los ejercicios se realizaban desnudos—, unas estancias donde untarse con aceite y cubrirse de polvo rodando por el suelo antes de ingresar en la famosa palestra, un estadio donde practicar atletismo y unos baños donde relajar el cuerpo tras la gimnasia o el juego de pelota.

La mayoría de los gimnasios disponían de pórticos exteriores en los cuales se celebraban conferencias y ejercicios literarios.[5] No resulta difícil imaginarse a Antístenes en una de las galerías de columnas, ataviado con un tosco manto, un zurrón y un bastón, rodeado de bastardos, mestizos y trabajadores, y afirmando: «Todo lo que debe conocerse puede ser conocido por el hombre sencillo». Las palabras de Antístenes son una respuesta directa al letrero de Platón y al intento de hacer de la filosofía una actividad intelectual elitista de varones occidentales ociosos. A diferencia del idealismo platónico, el cinismo es una filosofía práctica, no una teorización abstracta, a la que está invitado todo el mundo que se atreva a pensar la vida y vivir el pensamiento.

Heracles: el entrenador de perros

Los griegos construyeron sus gimnasios junto a lugares consagrados a un dios o a un héroe. El de Cinosarges estaba dedicado a Heracles, un modelo de vida para los cínicos. Este héroe, a quien los latinos llamarán Hércules, era, al igual que Antístenes, bastardo y mestizo, ya que nació como fruto de la unión entre un dios y una mortal. Su verdadero nombre era Alcides, que en griego evoca la idea de fuerza física. El título de Heracles (literalmente, «la gloria de Hera») se lo impuso la sacerdotisa a la que acudió para purgar su terrible crimen: matar a sus propios hijos durante un ataque de locura. La vida del héroe, como la de cualquier cínico, se convirtió desde ese momento en un camino de continuo esfuerzo, trabajo y superación. Heracles, como cualquier cínico, es un viajero pobre, apátrida y desarraigado; viste con una piel de león cuyas fauces cubren su cabeza a modo de yelmo,[6] porta una gran maza construida con sus propias manos, y camina por el mundo ligero de equipaje, superando una serie de pruebas que son un camino de perfeccionamiento y de liberación personal.[7] Esta figura mitológica representaba para los cínicos la fuerza de voluntad necesaria para alcanzar la virtud. Heracles marca el sendero más corto hacia la felicidad: el endurecimiento de la voluntad por medio del ejercicio. El camino más rápido para desarrollar «la mejor versión de nosotros mismos» es el de la continua superación personal. Cuanto más fuerte sea nuestra voluntad, más poder tendremos sobre las pasiones y deseos que nos gobiernan; cuanto más poder sobre nosotros mismos, más libres seremos; cuanto más libres seamos, menos necesitaremos, y cuanto menos necesitemos, más plenos y dichosos nos sentiremos. El cínico aprende de Heracles que las circunstancias adversas que se nos presentan en la vida, desde las más insignificantes hasta las más trágicas, son una oportunidad para ejercitarnos, crecer y superarnos hasta alcanzar la cima escarpada en la que reside la virtud. En este mismo sentido, el filósofo estoico Marco Aurelio comparaba el arte de vivir no con la danza, en la que cada minúsculo movimiento que se ejecuta está premeditado y ensayado, sino con el arte de boxear, en el que uno debe estar dispuesto y firme para enfrentarse a acontecimientos que son repentinos e inesperados.[8] Nadie sabe por dónde nos van a venir los golpes, y por este motivo el cínico endurece su cuerpo y su espíritu en el gimnasio, hace de la vida una palestra y del infortunio un digno rival con el que entrenarse para mejorar. En las artes marciales, uno de los momentos más importantes dentro de la ceremonia del combate es el saludo. El rito de saludar es un símbolo de respeto tanto hacia nuestro rival como hacia uno mismo. Aunque existe una variedad de gestos, en la mayoría de las artes marciales la reverencia previa al combate que se dirige al adversario, mirándole fijamente a los ojos y volviendo poco después a la postura erguida, simboliza el respeto y la gratitud hacia quien nos enseña, quien comparte con nosotros lo que sabe, quien nos permite practicar con él y con quien podemos mejorar. El cínico nos invita a entrar en el tatami de la existencia reverenciando a la vida por ofrecernos la oportunidad de combatir contra un oponente que nos hace progresar. Esta es la enseñanza de Heracles: tratar a la vida como un luchador hace con su adversario.

Al filósofo Pródico, de la isla griega de Ceos, se le atribuye una fábula que representa a Heracles ante una encrucijada: debe elegir entre dos caminos, el del placer o el de la virtud. El primero es un camino corto y fácil que conduce al vicio, mientras que el segundo, aunque es largo y difícil, lleva a la gloria espiritual. El héroe cínico elige la vida dura, austera y sencilla. El camino, aunque exigente, concluye en la virtud, en un carácter excelente, en una forma de ser humano que brilla frente a las demás y en una existencia humana verdadera. El cinismo no es una filosofía fácil de vivir, pero los beneficios que reporta bien merecen nuestro esfuerzo.

La fábula de la encrucijada muestra que la verdadera fortaleza de Heracles no es física, como así suele representarlo la tradición, sino moral. Su heroicidad no radica en haber matado con sus propias manos un león —de piel tan gruesa que resultaba impenetrable a las armas—, sino derrotar sus propios apetitos, deseos y pasiones a través de un esfuerzo constante. Esta es la razón por la cual los cínicos siempre lo consideraron como el auténtico fundador de su escuela. Heracles mereció el título de «Primer Perro» porque fue un hombre sin amo, porque despreció la riqueza para salvaguardar su libertad, porque no le importó hacer trabajos que otros consideraban humillantes, porque venció su propio ego, porque llevó una existencia de atleta espiritual, porque estuvo continuamente ejercitándose y preparándose para las pruebas que la vida nos va poniendo a todos, y al superar cada una de ellas, fue creciendo y convirtiéndose en un modelo de ser humano libre y dichoso.

El héroe demostró, ante la encrucijada, ser el verdadero

iniciador del cinismo, como así lo reconoce el emperador Juliano:

> No es fácil descubrir al fundador, al que se debe atribuir por su condición de iniciador el origen de este [el cinismo], aunque algunos suponen que corresponde a Antístenes o a Diógenes. Enómao, por cierto, dice no absurdamente, según parece: «El cinismo ni es antistenismo, ni es diogenismo». Dicen, en efecto, los cínicos más nobles que ya el gran Heracles, así como se erigió en autor de nuestros restantes bienes, también nos dejó a los hombres el máximo modelo de este tipo de vida. Yo, siempre con la determinación de hablar piadosamente de los dioses y de quienes se encaminaron hacia un destino divino, estoy convencido de que tuvo algunos [practicantes] ya antes de que él [el cinismo] existiera y no solo entre los griegos, sino también entre los bárbaros, porque es la filosofía que parece ser, en cierto modo, universal, muy natural y que no requiere ninguna especial dedicación intelectual.[9]

Las tablas de ejercicios de Heracles

Heracles es el «santo pagano» de los cínicos, un modelo de existencia a seguir, un deportista espiritual, un atleta de la voluntad.[10] Este héroe bastardo vence con éxito lo que el hombre corriente considera las mayores fuentes de sufrimiento: la pobreza, el dolor, el hambre, la sed, la humillación, el desarraigo, la soledad, la incomprensión, etc. Heracles nos señala con su vida cuál es el camino hacia la virtud y hacia la felicidad: el entrenamiento. Con un duro y continuo ejercicio, todos podemos lograr la fuerza de voluntad que Heracles poseía. Pero esfuerzo y trabajo no son lo mismo. El cínico valora el primero y desprecia el segundo. El trabajo es una actividad alienante con nefastas consecuencias sobre nuestra independencia y libertad. Ante el servilismo que nos impone el mundo del trabajo, el cínico prefiere la pobreza: mejor ser un mendigo libre que un asalariado sumiso. No es mediante el trabajo como nos realizamos, todo lo contrario; el mundo laboral suele ser el lugar en el que el individuo se agota, fracasa o se deprime.[11] Lo que los cínicos valoran de Heracles es su esfuerzo, su ascesis heroica mediante la cual consigue liberarse de las múltiples cadenas con las que los mortales se alienan para disfrutar de una libertad absoluta, propia de dioses.

Los trabajos de Heracles son la gimnasia cínica con la que fortalecer la voluntad, recuperar la cordura y escapar de la locura en la que la mayoría de los hombres se han instalado: conciencia de lo que se desea pero inconsciencia de la causa del deseo, incompetencia para dominar las pasiones, consumismo irracional, uniformidad existencial, fobia a la diferencia, autoexplotación y autoexhibición, fingimiento, estrés, ansiedad y depresión, pero, sobre todo, una acentuada incapacidad para dotar a nuestras vidas de un sentido personal, abandonándose en la masa. La tabla de ejercicios que practica el cínico en su gimnasio es un duro pero eficaz adiestramiento con el que superar los condicionamientos sociales. El deportista cínico practica una gimnasia de la renuncia que consiste en ir rechazando progresivamente los bienes materiales que ofrece la civilización. Este tipo de deporte filosófico se juega enfrentándose a situaciones límite para endurecerse y descubrir cómo se puede vivir bien con apenas un poco.

La virtud se consigue a la manera en que el deportista adquiere las habilidades necesarias para la práctica de su deporte: a través del ejercicio constante. Aquello que hoy parece dificultoso o incluso imposible, como dominar el deseo, se termina ejecutando con naturalidad por medio de la repetición continua.

Un buen entrenamiento puede asegurar la felicidad. La gimnasia del control del deseo conduce a una vida virtuosa y plena. La clave está en no perder el tiempo con fatigas inútiles y dedicar nuestros esfuerzos únicamente a aquellos ejercicios que nos mejoran como personas. Diógenes, atleta de la voluntad, asegura que si se practica el desprecio de los placeres, al final este resultará muy placentero. La razón: solo quien controla su deseo puede gozar de un placer con plena libertad, potenciando así sus beneficios. Solo el que no necesita de banquetes sabrá disfrutar cuando sea invitado a uno. Existe una anécdota, atribuida comúnmente a Sócrates, que es un buen ejemplo de la ejercitación cínica en el dominio del deseo. La historia cuenta que el filósofo paseaba cierto día junto a uno de sus discípulos por el mercado de Atenas contemplando la gran cantidad de mercancías que allí se vendían: joyas venidas de ciudades lejanas, finas telas, delicados perfumes, cerámicas pintadas, etc. En un determinado momento se detuvo y comentó al discípulo: «Ciertamente, no sabía que existieran tantas cosas que no necesito para ser feliz».

Sin este tipo de ejercicios no podemos entender el cinismo, porque este es ante todo una filosofía práctica. Para un cínico, la virtud no se consigue estudiando tratados de filosofía, sino tras una continua ejercitación; ocurre como con la cocina: por mucho que uno lea libros de los mejores chefs, si no se coloca el delantal y se pone delante de los fogones, no disfrutará del increíble placer de crear su propio alimento.

Segunda parte

UNA FILOSOFÍA PERRA

7

Lenguaje canino

La *performance* filosófica

> [Diógenes] prendió una lámpara a la luz del día y dijo: «Busco un hombre».
>
> Diógenes Laercio, VI, 41

Los cínicos transmitieron sus enseñanzas por medio de historias, que aunque resulten graciosas o irreverentes, por estar cargadas de ironía y sarcasmo, no tienen como objetivo divertirnos o escandalizarnos, sino que su finalidad es pedagógica: invitarnos a examinar la vida. Al igual que Sócrates, basaron su método en el diálogo directo, haciendo de la filosofía un ejercicio oral; despreciaron la escritura por tratarse de un saber muerto que impide intercambiar puntos de vista y confrontar ideas, y rechazaron el monólogo dogmático y especulativo que practicaban otras escuelas.

Este tipo de filosofía no necesita de un aula para su práctica, se puede realizar en cualquier momento y lugar; se caracteriza por ser efímera y fugaz; usa como medio la transgresión, el escándalo y la provocación, y supone una intromisión del pensamiento en la vida cotidiana para cuestionarla y aportar una nueva perspectiva de la realidad, otra manera en la que las cosas pueden ser —o, más bien, deberían ser—.

Si queremos conocer el meollo de la doctrina cínica, deberemos extraerlo de las moralejas de estas historias, más que de la lectura de los escasos textos que estos filósofos nos han legado.

Deberíamos leer estas anécdotas como «*performances* filosóficas» en las cuales el propio cuerpo del cínico se convierte en el soporte sobre el que se transmite el pensamiento. Sus acciones *performativas* buscaron reivindicar la libertad individual, criticar el orden establecido y rechazar los elementos alienantes de la cultura. Los cínicos llevaron a cabo acciones poéticas cargadas de simbolismo con las que buscaban provocar en el espectador una reacción emocional que le obligase a reflexionar sobre la existencia, a tomar conciencia de la realidad social y a cuestionar las opiniones falsas. En el fondo, lo que los cínicos hicieron fue encarnar y dramatizar el método socrático: convirtieron en acciones las preguntas con las que Sócrates desmontaba los prejuicios de sus vecinos y los obligaba a encontrar la verdad.

Las *performances* cínicas fueron recopiladas en colecciones de *chreiai* (plural de *chreía*, del griego *χρεία*, «anécdota»). La más famosa de estas colecciones es la que llevó a cabo el historiador griego Diógenes Laercio en sus *Vidas y opiniones de los filósofos ilustres*; también son muy conocidas las recogidas por el escritor satírico Luciano de Samósata, cuyos textos suponen una crítica y una subversión de los valores usando un estilo desenfadado, cáustico, mordaz y burlón.

Debemos entender las *chreiai* como actos de protesta contra las opiniones y las costumbres que desvían al individuo de la virtud. La *chreía* es un relato breve de un dicho o de un hecho, o la combinación de ambos, ingenioso, portador de un mensaje útil para la vida, realizado por un personaje modélico ante la presencia de un público. En la *chreía*, el filósofo cínico transmite con su palabra o con su acción sentencias y máximas con las que reorientar la existencia para recuperar el norte moral y dotarla de autenticidad. En ella el filósofo juega con la ironía y el doble sentido, más que con la exposición lógica y el argumento, con la intención de provocar en el público una reflexión ética sobre las creencias que se asumen acríticamente y las acciones que se realizan de forma automática. A través de las *chreiai*, los cínicos rechazaron la cultura civilizada e invitaron a recuperar una vida salvaje, bárbara y natural, a la que se accede mediante un proceso de liberación de todas las convenciones sociales.

Hermógenes de Tarso, uno de los grandes maestros de la retórica en la Antigüedad, definía la *chreía* de esta manera:

> La anécdota [*chreía*] es una rememoración de un dicho o un hecho o de ambos conjuntamente, que contiene una concisa revelación, las más de las veces en razón de alguna utilidad... De las anécdotas, unas son de dichos («lógicas»), otras de hechos («prácticas») y otras mixtas... Las de hechos son aquellas en las que solo hay acción, por ejemplo: «Diógenes, al ver a un muchacho indisciplinado, golpeó a su preceptor». Las mixtas son las que contienen una mezcla de palabra y acción, por ejemplo: «Diógenes, al ver a un muchacho indisciplinado, golpeó a su preceptor diciéndole: "¿Por qué lo educas de ese modo?"».[1]

En todas las *chreiai* existe una vocación destructora, iconoclasta y nihilista que coexiste con otra creadora, activa y positiva. Por un lado, los filósofos cínicos utilizaron estas *performances* filosóficas como munición con la que atacar las convenciones sociales reduciéndolas al absurdo; y, por otro, interpretaron el comportamiento que una persona virtuosa, racional y feliz debería tener. Al igual que en el método usado por Sócrates, en las *chreiai* hay dos momentos: uno destructivo y otro constructivo. En la fase crítica, el cínico hace uso del insulto, el improperio, la caricatura, la transgresión, el chiste ácido o de lo primero que tenga a su alcance, como cuando Diógenes de Sinope meó a aquellos individuos que le arrojaban huesos como a un perro,[2] o la vez en que, tras llamarle a uno calvo, le dijo: «Yo no insulto, sino que elogio tus cabellos, porque huyeron de una mala cabeza».[3] No es casualidad que estos filósofos llegasen a ser grandes maestros en el género de la diatriba, ese tipo de discurso violento que tiene como objetivo criticar los vicios morales, sociales y políticos; tampoco es casual que algunos de ellos se jugasen la vida cuando la dirigían contra los emperadores romanos. En la fase productiva, el cínico alumbra la verdad con sus gestos: un modelo de vida auténtico, alternativo, inocente, libre y despreocupado, inspirado en los animales y el reverso de todo aquello a lo que ha sometido a feroz crítica. El filósofo cínico no hila un discurso, sino que desvela con su acción una verdad existencial que la cultura civilizada había ocultado.

Los cínicos prefirieron el estilo de la *chreía* al discurso teórico y al silogismo, que cultivaron otro tipo de filósofos como Platón o Aristóteles, por la gran importancia que concedían al vínculo entre filosofía y vida, entre doctrina y práctica personal. Friedrich Nietzsche, un autor que también creía en esta unión sagrada entre pensamiento y vida, no solo se declaró fervoroso admirador de los cínicos, sino que también imitó su estilo cáustico e incendiario. Uno de los textos más conocidos del filósofo alemán es una actualización de una de las *performances* filosóficas que realizó Diógenes. El famoso pasaje de *La gaya ciencia* nos presenta al cínico portando el mismo farol pero en un escenario diferente: ya no pisa el abarrotado mercado de la antigua Atenas, sino la plaza de una moderna ciudad alemana. La búsqueda, aunque en apariencia ha cambiado —el cínico ya no busca a «un hombre», ahora busca a «Dios»—, en el fondo sigue siendo la misma: la verdad.

La *chreía* es una mentira que dice la verdad. Los cínicos no se conformaron tan solo con decir la verdad, sino que además, o sobre todo, la representaron, la encarnaron y la teatralizaron públicamente. Un cínico no se permite argumentar a favor de principios que no vive. Cicerón, contraejemplo de filósofo para un cínico, escribía bellos discursos exhortando al autodominio de las pasiones por la razón y la vida sencilla, pero era incapaz de controlar su vanidad y su insaciable ansia de riqueza. Los cínicos, en cambio, primero lo hacen y luego lo dicen; y si no lo hacen, no lo dicen. La seña de identidad del filósofo cínico era que iba con la verdad por delante: su forma de vivir era su mejor argumento y su más potente evidencia. El emperador Juliano apuntaba que en los cínicos no había distinción alguna entre sus actos y sus palabras, porque sus acciones precedían a sus discursos: frente a aquellos que, viviendo en la abundancia, tenían la poca vergüenza de elogiar los bienes espirituales y despreciar los materiales, Diógenes y Crates honraron la pobreza tras haber renunciado con anterioridad a su patrimonio. Antes de comenzar una guerra puramente retórica contra el deseo desenfrenado, los cínicos probaban con hechos que es posible vivir feliz con poco.[4]

El cínico no transmite una teoría original, un alambicado silogismo o unos nuevos conceptos con los que entender la realidad, sino un estilo de vida revolucionario, herético y contestatario. A diferencia de los discípulos de Platón o de Aristóteles, los cínicos no se dedicaron a conservar el pensamiento del maestro, sino su existencia. El filósofo cínico no debe distinguirse por su retórica, sino por su vida filosófica. Foucault acuñó la expresión «héroe filosófico»[5] para referirse a esta manera cínica de hacer filosofía que apuesta por existir filosóficamente y por tener los arrestos de realizar una vida verdadera, llevando a último término la máxima socrática de que «una vida sin examen no merece la pena ser vivida».

Pero, desgraciadamente, esta manera de entender la filosofía se interrumpió el día en que ser filósofo se convirtió en un oficio. Desde el siglo XIX, el filósofo se transmutó en profesor y las historias de la filosofía dejaron de ser historias de vidas filosóficas, como la de Diógenes Laercio, para quedar reducidas a «la historia» de las doctrinas oficiales, en la que los cínicos han quedado excluidos o tergiversados. En nuestro mundo actual, es necesario encontrar nuevos «héroes filosóficos» que asuman la tarea de encarnar la virtud, la verdad y la libertad de pensamiento. La filosofía no debería quedar recluida al manual y al aula; se hace necesario recuperar la práctica de una ética filosófica como la que los cínicos llevaron a cabo.

La risa del perro

El humor fue el arma que usó el cínico para desvelar lo absurdo de la conducta gregaria, para deponer a las autoridades ilegítimas y para sancionar vicios.

El cínico se reía de todo y de todos. Usaba la risa como medicina para devolver la cordura a sus congéneres, curarles la estupidez y aliviarlos del autoinfligido sufrimiento. Su sonora carcajada disolvía los vicios y las corruptelas. Un cínico llamaba a las cosas por su nombre, era crítico y autocrítico, y además lo hacía todo con guasa. Su humor pretendía provocar, que en latín significa «llamar a las cosas», convocarlas y ponerlas ante los ojos para ser analizadas. Sus chistes convocaban la realidad social para cuestionarla. Sus parodias cuestionaban la autoridad y denunciaban sus vicios. Su franca ironía derrocaba la dictadura de la corrección política. Sus payasadas introducían el caos creativo en el orden coactivo, difuminaban las fronteras entre clases sociales, rompían las represiones y liberaban los instintos, y, en definitiva, ponían por unos instantes el mundo patas arriba, para mostrar que otro es posible, imaginable y pensable.

La risa del perro molesta porque enjuicia, critica y obliga a cuestionar nuestro comportamiento gregario, pero es tremendamente liberadora. Los habitantes de la ciudad de Corinto eran conscientes de ello y por eso, a pesar de haber sufrido las continuas burlas de Diógenes, cuando este murió, en agradecimiento, erigieron una columna en mármol de Paros con la figura de un perro descansando. Los corintios entendieron que, aunque las pullas del filósofo eran amargas, siempre tuvieron como fin curarlos de la estupidez y liberarlos de las ataduras que impiden vivir en plenitud.

El humor cínico contiene una crítica a la norma socialmente establecida que se debe tomar muy en serio. Supone una defensa de la individualidad contra una sociedad que pretende homogeneizarnos. Henri Bergson estudió la función social de la risa[6] y concluyó que su cometido es el de juzgar y sancionar la conducta que transgrede la norma. Lo risible es un fenómeno puramente humano. Un paisaje podrá ser bello o feo, pero nunca cómico. Si la conducta de algún animal hace gracia es porque esta parece humana. Solo el hombre es objeto de risa; fuera de lo humano no hay nada «risible». Para Bergson, el hombre es «un animal que ríe». Pero ¿por qué y de qué nos reímos? ¿Por qué lo cómico nos hace reír? Solo podemos responder a estas cuestiones si primero entendemos que «nuestra risa es siempre la risa de un grupo»,[7] el medio natural en el que se da la risa es siempre una determinada sociedad. Es en un grupo humano concreto donde el chiste tiene su sentido y su función. Por norma general, la risa es algo que no se da de forma aislada, necesitamos estar acompañados por otros hombres que compartan el mismo sentido del humor y se rían con nosotros para experimentarla verdaderamente.

Si contamos un chiste y somos los únicos que reímos mientras los demás nos miran con extrañeza, la risa rápidamente se desdibuja en nuestro rostro para dar paso al sonrojo y el bochorno. Cada pueblo, cada región, cada provincia tiene su humor característico; por eso hablamos de un humor inglés o de un humor gallego. Además del grupo, Bergson introduce otra variable en el humor: la víctima. La risa es la risa de un grupo que se ríe de alguien, un burlado. El grupo, con su burla, convierte la risa en un acto de superioridad sobre el que sufre la mofa. Por tanto, es siempre la sociedad la que se ríe del individuo. El goce de reírse no es desinteresado, sino que va siempre acompañado por una segunda intención que cumple una función social: como gesto de adhesión al grupo (me río con otros) y como castigo social (se ríen de mí). Lo cómico señala cierta imperfección del individuo, cierto desvío con respecto al estándar, el modelo o la norma, que obliga a la sociedad a imponer una inmediata censura. La risa es un gesto colectivo de corrección. El grupo castiga la disonancia y la conducta disruptiva, a la vez que premia el gregarismo y la conducta adaptativa.

El cínico invirtió la dirección de la risa, apuntó hacia el grupo y defendió al individuo frente a la manada. En sus manos, el humor se convirtió en una potente arma filosófica contra la conducta gregaria. El cínico fue el valiente bufón de la sociedad: el único capaz de decirle al rey la verdad a la cara y convertir lo cómico en un gesto emancipador.

La risa fue la actitud existencial de todo cínico. Con su mueca, el perro interpeló a la realidad social, buscó independencia y cuestionó las dinámicas de poder. Sirva de ejemplo aquella ocasión en la que Alejandro Magno encontró a Diógenes observando con minuciosidad y detenimiento una pila de huesos humanos. El emperador le preguntó qué era lo que estaba haciendo y el filósofo le respondió: «Estoy buscando los huesos de tu padre, pero no puedo distinguirlos de los de un esclavo».

El chiste cínico tiene algo en común con el rito: ambos relacionan conceptos diferentes, aunque el rito lo hace para imponer orden, mientras que el chiste cínico lo subvierte. El mensaje de una burla cínica es que todas las normas sociales pueden ser transgredidas. Todo buen chiste nos demuestra que el mundo puede ser de otra manera y nos ofrece la oportunidad de reflexionar sobre el auténtico valor de lo socialmente aceptado. El cínico puso sus burlas al servicio de la causa libertaria. Un chiste cínico es siempre una afirmación de libertad.[8]

Los cínicos unieron filosofía y humor, y llegaron a crear un género propio con el que expresar su pensamiento: el *serioburlesco*. Los autores cínicos fueron a la vez unos burladores de lo serio y unos hombres que se hacían los serios para reírse; cultivaron un tipo de diatriba moral que mezclaba el humor con la gravedad, y usaron la broma para censurar los vicios de los hombres con el objetivo de, como afirmaba Demetrio, «erradicar mediante la burla los yerros del alma».[9] Los cínicos se inspiraron en la ironía de Sócrates para crear un estilo que combinaba lo ridículo y lo didáctico con el que mejorar a los seres humanos y refutar las ideas morales equivocadas. Los escritos cínicos, entre los que destacan las geniales y divertidísimas obras de Luciano de Samósata, son una filosofía popular y satírica que critica con agudeza la estupidez humana y los prejuicios sociales.

8

Una vida perra

> Alguien dijo que Diógenes era un hombre sin juicio y él replicó: «No soy un hombre sin juicio, sino que no tengo el mismo juicio que vosotros».
>
> ESTOBEO, III, 3, 51

Plutarco sugirió que toda la doctrina cínica podía quedar sintetizada en la máxima de «asilvestrar la vida» y abandonar las conquistas del progreso.[1] El cinismo es un canto a la vida natural y, a la vez, una corrosiva sátira contra la vida civilizada. El filósofo cínico desata un alegre salvajismo para eludir el entristecimiento de vivir domesticado; elige la naturaleza frente a la civilización, la sencillez a la complejidad del confort, lo carnal a lo platónico, lo dionisíaco a lo apolíneo, la realidad al sueño, la mortalidad a la inmortalidad, el regalo del agua del arroyo a los caros vinos de Lesbos; unos pocos higos a la sombra del ciprés al banquete a la sombra del tirano.

El emperador Juliano compartía la misma opinión de Plutarco: el objetivo del cinismo es la felicidad que solo se alcanza si se abandona la vida civilizada y se retorna a una vida natural. Ayudará para ello no respetar los principios por los que se guían la mayoría de los hombres y orientarse con aquellos por los que se conducen animales y dioses, a los que les va mucho mejor en esta tarea de existir que nos ocupa a todos:

> El objetivo y el fin último de la filosofía cínica, como en realidad de toda filosofía, es el de ser feliz. Mas ser feliz consiste en vivir conforme a la naturaleza y no conforme a las opiniones del común de los hombres, puesto que incluso a las plantas y por supuesto también a los animales todos les ocurre que les va bien cuando cada uno alcanza sin impedimentos el fin conforme a su naturaleza. Ahora bien, entre los dioses la definición de la felicidad es mantenerse como son por naturaleza y ser dueños de sí mismos. Por consiguiente, tampoco los hombres deben afanarse en buscar en alguna otra parte la felicidad oculta. Ni un águila, ni un plátano, ni ningún otro de los animales o plantas que existen se ocupa inútilmente de que sus alas o sus hojas sean doradas..., sino que con aquello con lo que la propia naturaleza los adornó desde el principio [...] se considera que les va muy bien y que tienen de todo. Así pues, ¿cómo no va a ser ridículo que un ser humano se afane en buscar la felicidad en algún lugar exterior y considere que la riqueza, el nacimiento, el poder de sus amigos y, en definitiva, todas las cosas por el estilo tengan un valor absoluto?[2]

El cínico abandona la ciudad de los tristes y emprende su búsqueda de la felicidad a través de estas cinco vías, cinco maneras de «asilvestrarse», de «animalizarse», hasta descender a una dichosa vida perra:

Primera vía: decrecimiento

En la renuncia cínica no se pierde libertad, se gana. La autonomía que disfrutan los dioses se puede alcanzar si nos despojamos de lo que nos genera dependencia (de todo aquello que creemos poseer pero que en realidad nos gobierna a nosotros y nos convierte en sujetados más que en sujetos).

Séneca admiraba al cínico Demetrio; prefería dialogar con él sobre la vida y la felicidad, a pesar de su desagradable facha de mendigo, antes que con los perfumados senadores, porque había visto que él «no necesita nada». Demetrio le mostró a Séneca que el camino más breve para alcanzar la riqueza es por medio de su desprecio y que es posible que alguien lo desprecie todo, mientras que es imposible poseerlo todo.[3] Si el rico es aquel que no tiene necesidades, hay más riqueza y dignidad en el raído y sucio manto de Demetrio que en las togas púrpuras de los senadores.

El que ansía riqueza sufrirá el terrible castigo de Tántalo, paradigma de la eterna insatisfacción. El antiguo rey de Frigia era muy rico y amado por los dioses, que lo admitían en sus banquetes. Para honrar a los olímpicos que le habían visitado, Tántalo mató, cocinó y sirvió a su propio hijo. Zeus penó este terrible crimen con una sed y un hambre angustiosas. El padre de los dioses encadenó al condenado en un lago del Tártaro, con el agua hasta la barbilla y bajo un árbol repleto de frutas, y dictó que cada vez que Tántalo sintiera hambre o sed, e intentara tomar una fruta del árbol o sorber agua del lago, estos se retiraran inmediatamente de su alcance, para sumirle en el dolor producido por un deseo que no se puede colmar. Para el cínico, solo la estupidez puede explicar por qué la mayoría de los hombres desean vivir el mismo tormento de Tántalo y se introducen por voluntad propia en la «laguna del mercado»: en cada acto de consumo, la sed solo es colmada momentáneamente para dejar paso a una nueva y más prolongada sensación de carencia; ninguna mercancía tiene el poder de calmar nuestro apetito definitivamente, todo lo contrario; lo acrecienta, nos exige una dosis siempre mayor, y nos deja en una situación de interna indigencia.

Diógenes supo escapar de la laguna de la eterna insatisfacción observando la conducta de los animales y experimentando consigo mismo para distinguir lo que realmente es necesario de lo que es superfluo: ¿necesitamos banquetes para alimentarnos, vinos caros para saciar la sed, ropa exclusiva para proteger nuestro cuerpo de las inclemencias del tiempo, mansiones para dormir? Los codiciosos se condenan por tratar la vida como una espada, ya que todo lo hacen con la intención de coger con el puño,[4] y tras haber vivido una vida sin vivir, dejan la vida a otros.[5] Cuando Diógenes se topaba con algún avaricioso lo llamaba «gran mendigo» y recordaba que lo que verdaderamente nos hace ricos es la autarquía del animal, es decir, bastarse con lo poco que se tenga al alcance.[6]

Los cínicos practicaron la desposesión como medio para simplificar la existencia y así vivir despreocupados. El perro de Sinope, por ejemplo, al ver cómo un niño bebía agua con las manos en una fuente, se dijo: «Este muchacho me ha enseñado que todavía tengo cosas superfluas»; acto seguido, se deprendió de una de las escasas pertenencias que atesoraba en su zurrón: un pequeño cuenco de barro.

El objetivo de la renuncia es poder experimentar la indiferencia del que nada necesita y se siente pleno con lo que la vida le ofrece o con lo que se encuentra. Frente al dogma que establece que el crecimiento económico es bueno en sí mismo y la solución a todos los males, un cínico apostaría por el decrecimiento: vivir mejor con menos.

Algunos cínicos, como Diógenes o Crates, radicalizaron la máxima del decrecimiento y vivieron de una mendicidad muy parecida a la que siglos después practicaron órdenes mendicantes como los franciscanos. Pero no debemos confundirnos, la pobreza que viste al cínico es tan solo la apariencia que toma su libertad. La indigencia concede soberanía cuando se usa como instrumento de emancipación. La austeridad permite la autonomía de la voluntad que no se doblega a ningún agente externo a ella. En un filósofo, la austeridad es condición *sine qua non* para poseer la independencia necesaria con la que decir la verdad.

Segunda vía: rechazar la civilización

El cínico se rebeló a ser un hombre civilizado porque creía que los seres humanos somos felices por naturaleza y que es la vida social la fuente de nuestras desdichas. La sociedad de los hombres se ha construido contra la naturaleza y rompiendo los lazos que nos unen a todos los seres vivos. Muchos cínicos decidieron recuperar el paraíso perdido y vivir en comunión total con la naturaleza sin dinero, sin casa, sin familia, sin patria, sin moral y sin religión. Cuestionaron las estructuras sociales que dividen la humanidad en razas, naciones, ciudades y clases diferentes, y proclamaron una igualdad natural de todos los seres humanos.

Declinaron participar en los asuntos de la ciudad, se mofaron de los ritos y las creencias religiosas, se negaron a trabajar para otros, no tenían ambiciones, despreciaron los lujos y las comodidades, reivindicaron lo salvaje y lo bárbaro. Ser marginados por los demás fue el precio que estuvieron dispuestos a pagar para poder desprenderse de las obligaciones y los males sociales. Se convirtieron en enemigos de la civilización porque, como apuntó Nietzsche,[7] esta supone la domesticación del animal llamado hombre, la intolerancia para con los caracteres más profundos, libres y audaces. Diógenes no quiso tener hogar porque la administración de una casa da mucho trabajo, no se metió en política por lo desagradable e irritante de esta actividad, no se casó porque había oído hablar de las tremendas broncas que Sócrates recibía de su mujer y ni se le pasó por la cabeza tener hijos porque había visto lo feos y estúpidos que eran los del vecino.[8]

Tercera vía: rechazar las convenciones sociales

La vida cínica es un vivir a contracorriente de la conducta gregaria y los valores convencionales; bien lo dejó claro Diógenes cuando entraba en el teatro mientras los demás salían y al preguntarle el porqué, dijo: «Es lo que me he dedicado a hacer toda mi vida»;[9] o como cuando unos se reían de él porque paseaba hacia atrás, y este les dijo: «¿No os avergonzáis de recorrer el camino de la vida al revés?».[10]

El cínico transgrede todas las costumbres que considera absurdas y que dañan nuestra naturaleza y nuestra felicidad, como el matrimonio. Aunque Crates e Hiparquia fueron los únicos cínicos que se casaron, su unión no fue nada convencional: celebraron la boda fornicando públicamente en un lugar concurrido, no tuvieron hogar ni hijos que criar, vivieron en la calle y durmieron siempre abrazados el uno al otro en los pórticos de los templos.

No quebranta solo normas, sino también creencias y tradiciones. Antístenes, por ejemplo, se burló de uno de los mitos más sagrados de la ciudad y por el que los atenienses se sentían superiores a otros pueblos. La sagrada creencia en el origen autóctono afirmaba que los atenienses habían surgido de la tierra. Ericteo, el primer rey de la ciudad de Atenas, nació cuando el dios Hefesto intentó violar a Atenea, pero ella consiguió eludirlo y su divino semen se esparció por la tierra del Ática. Antístenes usó el sarcasmo contra esta tradición religiosa que justificaba el chovinismo y les dijo a sus vecinos que en nada eran más nobles que los caracoles y los saltamontes, ya que estos también depositan sus huevos bajo tierra.

La vía cínica no es la de infringir todas y cada una de las convenciones que rigen la vida en sociedad. Un cínico no es una especie de rebelde sin causa o un eterno —e insoportable— adolescente, que contesta por contestar y ofende por ofender, sino alguien que somete a crítica, analiza racionalmente y rechaza solo aquellas normas sociales que son absurdas, injustas o inmorales.

De lo que se trata es de no hacer o decir algo por la simple razón de que es lo que se nos ha enseñado y lo que todo el mundo hace. El cínico se atrevió a vivir una existencia auténtica en un enjambre de existencias anónimas que vivían en el «se dice» y en el «se hace»: decir lo que dice porque es lo que la gente dice y hacer lo que hace porque es lo que todo el mundo hace.

El cinismo nos advierte de la debilidad del ser humano cuando se siente sometido a la presión ambiental: el miedo a ser rechazado por el grupo puede anular la racionalidad del individuo y diluirlo en una masa informe. Bajo la coacción del grupo, el individuo puede abandonarse a la obediencia ciega a las normas; y como observó Hannah Arendt, convertirse en un instrumento del mal. La raíz del mal está en crear una sociedad que induce al individuo a no pensar sobre las consecuencias de nuestros actos. Para ejecutar una buena acción es preciso reflexionar sobre lo que es justo; en cambio, para realizar un mal solo hay que renunciar a pensar y acatar las directrices del colectivo. Dejar de pensar por uno mismo, ser incapaz de ponerse en el lugar del otro, ha sido la causa de las mayores atrocidades que ha cometido el ser humano.

Las investigaciones llevadas a cabo por Solomon Asch, entre 1951 y 1955, evidenciaron el temor de los cínicos sobre el comportamiento irracional de los seres humanos ante la presión social. En psicología social son clásicos los experimentos diseñados por Asch para investigar el fenómeno de la conformidad, la tendencia del individuo a modificar su respuesta respecto a un objeto y acercarla a aquella expresada por la mayoría dentro de un grupo, aunque esta sea claramente errónea. En el experimento original, este psicólogo polaco formó un grupo compuesto por un estudiante —auténtico objeto de la investigación— y un grupo de colaboradores que se hacen pasar por sujetos, y les pidió que respondiesen a unos problemas de percepción. Asch iba presentando una hoja en la que había dibujadas tres líneas horizontales de diferentes tamaños, y cada sujeto debía decir en voz alta cuál de ellas era la más alta. Los colaboradores respondían de forma correcta en los primeros ensayos, pero a medida que avanzaba el experimento, indicaban barras que claramente no eran las más altas. Muchos sujetos quedaron perplejos ante las respuestas del grupo y aunque comenzaron respondiendo como pensaban, terminaron amoldándose al juicio de los demás. Cuando se entrevistó a los sujetos, estos explicaron que a pesar de saber con certeza cuál era la respuesta correcta, se plegaron a las expectativas de los demás por temor a ser ridiculizados de alguna manera. Un dato interesante que se desprende de estos trabajos es que cerca de un 25 % de los sujetos no cedieron nunca a la presión del grupo; fueran conscientes o no, esta minoría tenía un alma cínica.

Cuarta vía: despreciar honores y poder

Un perro no entiende qué cosa es el honor y el poder. Para el sabio cínico, el deseo de poder es culto al ego y la fama, vacua vanidad que, lejos de facilitar la construcción de una vida plena, son la causa de que muchos hombres terminen desperdiciándola.

Este principio cínico de rechazo de la gloria humana fue pintado por Valdés Leal en los jeroglíficos de las postrimerías, dos cuadros que descansan bajo el coro de la iglesia del Hospital de la Caridad de Sevilla. La ciudad hispalense convivía por entonces con la muerte. A mediados del siglo XVII, una epidemia de peste, junto a una fuerte hambruna provocada por una sucesión de malas cosechas, dejaron los barrios de la ciudad plagados de cadáveres y fue la Hermandad de la Caridad la que se encargó de darles sepultura. En 1662, Miguel de Mañara, un noble cuya vida se cree pudo inspirar el personaje de *Don Juan Tenorio,* ingresó en la orden y en poco tiempo llegó a ser su hermano mayor. El aristócrata le encargó al pintor sevillano que sus pinceles obligasen al espectador a «ponderar la brevedad de la vida, la muerte cierta y que todo se acaba»; Valdés Leal debía «pintar el riguroso trance de la muerte y que la mayor grandeza para en gusanos; alentarnos en la santa limosna, y ejercicios de la

Caridad para conseguir buena muerte».[11] El díptico está compuesto por un primer lienzo titulado *In ictu oculi* («En un abrir y cerrar de ojos»); en él, la muerte, que nos mira directamente a los ojos, apaga súbitamente la llama de la vida y pisotea los símbolos del poder, el honor y la gloria por los que los hombres nos afanamos: la mitra, el báculo y el capelo cardenalicio, emblemas de las glorias eclesiásticas, así como la corona, el cetro y el toisón de los reyes. Ante el poder de la muerte, toda potestad humana revela su verdadero ser: *Vanitas vanitatum omnia vanitas* («vanidad de vanidades, todo es vanidad»). La parca aplasta igualmente los libros de los sabios y las armas de los caballeros. Ante su presencia, todo recobra su valor natural y las convenciones humanas que instituyen cargos, honores y glorias desaparecen como «lágrimas en la lluvia». El cinismo pintado de Valdés Leal insta al espectador a reconocer que es un ser contingente, que su muerte puede sobrevenirle en un abrir y cerrar de ojos, y que debe abandonar todo deseo de vanidad, recuperar la cordura y disfrutar de la vida.

El segundo lienzo, que lleva por título *Finis gloriae mundi* («El fin de la gloria del mundo»), nos advierte del final que les espera a las «vidas de éxito»: cadáveres en descomposición. ¿Por qué sacrificar la existencia y someterse al yugo de la voluntad de los otros si el pago es convertirnos en carne para los gusanos? «El pintor de la muerte», como era conocido Valdés Leal, nos enfrenta a la imagen de dos cuerpos en avanzado estado de putrefacción, un obispo y un caballero de la Orden de Calatrava, dos vidas que, según la época, habrían alcanzado la gloria y el éxito. El olor a muerte nos desvela que todo lo que se admira en ellas es vacuo y que el afanoso trabajo empleado en alcanzarlas no ha servido para nada. Tomar conciencia de que «morimos cada día»[12] obliga a recordar el justo valor de las cosas, a identificar los verdaderos bienes y a hacer los ajustes necesarios para no permitir que la vida nos pase por encima sin haberla vivido.

Lo propio del cínico es repudiar los cargos de autoridad.

Antístenes, en polémica con el hedonista Aristipo, afirma que no es propio del sabio la ambición de poder ni tener como amigo a los más poderosos. El filósofo no debe ser amigo del tirano, habitar en su mansión, ni compartir su mesa, sino vivir en la propia y atenerse a lo que sea suficiente;[13] y Diógenes felicitaba a los que iban a participar en el gobierno y no participaban, y a los que estaban preparados para hacer vida común con los poderosos y no se acercaban a ellos.[14]

El deseo de reconocimiento es un vicio que la persona cuerda debe aprender a repudiar a la vez que cultiva las virtudes cínicas de la *adoxía* (ausencia de fama o incluso mala fama) y la *atimía* (ausencia de honores y de nobleza de nacimiento). La búsqueda de fama nos hace maleables a la opinión de los demás y la vanidad nos dirige como un pastor a sus borregos.[15] Antístenes diatribó duramente en contra de la fama y enseñó que «la carencia de fama es un bien y se halla en el mismo plano de igualdad que el esfuerzo», ya que el sabio no se rige por la opinión de los demás, sino por las leyes de la virtud.[16] Diógenes afirmaba que las joyas son solo ostentación del vicio y que los hombres más nobles son los que desprecian la riqueza, la fama y el placer y están muy por encima de sus contrarios, la pobreza, la ausencia de fama, el esfuerzo;[17] y así, cuando el perro de Sinope veía a los pilotos, médicos y filósofos, pensaba que el hombre era el animal más inteligente de todos, pero cuando veía a los que estaban hinchados por la fama y la riqueza, pensaba que no había nada más necio que el ser humano.[18]

Quinta vía: retornar a la vida natural

Las cuatro vías anteriores se reducen, en el fondo, a esta última: cada una de ellas es un camino de salida para desviarse de la ruta marcada por la *vida normal.* Cada vía es un hilo de Ariadna tejido con la sabiduría de la experiencia para escapar del angustioso laberinto de la *vida normal* y regresar a la sencillez y la serenidad de la *vida natural*.

La vida normal es toda aquella que se amolda sin resistencia a lo que los griegos denominaban *nomos*: la conducta social, el conjunto de valores, creencias, códigos morales, hábitos, costumbres y tradiciones de una comunidad específica. La primera acepción del sustantivo *nomós* es la de «lugar repartido, dividido en parcelas» y modificando solo el acento (*nómos*) pasa a designar una «regla», «uso», «costumbre». Por tanto, el concepto con el que los griegos identificaban las convenciones humanas proviene de la actividad de delimitar la tierra siguiendo unas divisiones contrarias a la naturaleza (*physis*).

Para los cínicos, la vida normal es una convención, un pacto cuya validez está limitada a la sociedad que las legitima. La vida normal parte del presupuesto de que el individuo es incapaz de encontrar por sí mismo un sentido para la existencia: la comunidad es la única que puede ofrecerle un proyecto en el que emplear sus días, además de darle una identidad y protegerle de sí mismo y de los demás. En el ideario cínico, sin embargo, la comunidad pasa a ocupar un lugar secundario en las prioridades de los individuos: ser ciudadano es poseer el derecho para dotar la propia vida de sentido e identificar unos valores propios que no tienen por qué ser compartidos por la comunidad.

El cínico no obedece las órdenes de la comunidad, solo aquellas que le dicta la naturaleza a través de la razón. Diógenes no obedecía ninguna ley que entrase en conflicto con lo que determinaba la naturaleza; decía que seguía «la misma impronta de vida que Heracles y no anteponía nada a la libertad»,[19] y afirmaba que la vida que los dioses conceden a los hombres es realmente fácil, pero que somos nosotros los que la hacemos difícil y farragosa. Aunque los dioses solo nos imponen unas necesidades naturales, sencillas de satisfacer, los hombres las complicamos buscando pasteles de miel, perfumes y cosas por el estilo.[20] El cínico disfruta de los placeres sencillos y gratuitos que la naturaleza le ofrece, mientras que el resto usan su ingenio para amargarse la vida, generando nuevas e infinitas necesidades con las que perder el tiempo.

La naturaleza es la verdad, mientras que el *nomos* es únicamente opinión; solo ella marca las auténticas normas para vivir en plenitud. La palabra *physis* significa «nacer», «brotar», «hacer salir», «hacer crecer»; el término significa no solo la idea de «lo que es originario y fundante», sino también la noción del «proceso por el cual lo originario se despliega en lo múltiple y diverso». La vida natural es, a la vez, la vida genuina y la vida que permite el pleno despliegue de todas nuestras capacidades; es la vida que no reprime, sino que libera nuestros impulsos creadores y procesos de desarrollo, y es también la vida que permite la individuación, la particularidad y la diferencia, ya que en la naturaleza no existe «la flor normal» sino las flores, «el perro normal» sino los perros, «el hombre normal» sino los hombres.

La vida natural implica necesariamente una confrontación con la *vida decente*. La vida auténtica es siempre irreverente y escandalosa porque demuestra el falso valor de las convenciones sociales; no solo prueba que se puede vivir de otra manera, sino que, sobre todo, refuta la vida normal y civilizada como una verdadera vida. La vida auténtica ¿no debería ser por fuerza radicalmente diferente de la vida normal, y no debería una «vida filosófica» aspirar a ser una «verdadera vida»?

Los cínicos se embarcan en una búsqueda de la verdadera vida siguiendo el rastro dejado por los animales como el perro o el ratón. Diógenes, recién llegado a Atenas, observó la existencia despreocupada de un ratón y la tomó como ejemplo: se movía con libertad de un lado a otro, no sentía preocupación por poseer una casa ni anhelaba todos los bienes que consideramos necesarios, sino que era dichoso en su indigencia.[21] El filósofo encontró una enseñanza más valiosa en la felicidad del animalillo que en los libros de los sabios: el ratón nos desvela que lo que es bueno para una bestia no puede ser malo para un hombre, y que son superfluos muchos de los bienes que consideramos indispensables. El cínico elige la sabiduría del animal frente a la del hombre. Ante la alegría despreocupada de la bestia, nuestra sapiencia muestra su auténtico valor: vana, vacía y carente de solidez, un intento infructuoso de dominar la naturaleza, pura arrogancia de unos seres que pretenden olvidar su animalidad y ocupar un lugar especial en el universo.

El ensañamiento contra «lo animal» permanece en nuestra lengua, que recoge como sinónimos: *bestia, bruto, alimaña, fiera, ignorante, inculto, analfabeto, torpe, tarugo, zopenco, burro, rudo, cafre, incivilizado, maleducado, visceral, pasional,* y como antónimos: *humano, culto, inteligente, delicado, racional, intelectual.* El cínico invierte el orden de las significaciones y emprende una transvaloración, conocedor de que en la recuperación de nuestra animalidad hay un camino de emancipación ya que el hombre parece ser el único animal que necesita un amo.

Por último, «vivir conforme a la naturaleza» significa hacerlo conforme a lo que la naturaleza humana siempre ha sido y debe ser: vivir racionalmente. La primera ley que obedece todo animal es la de conservarse haciendo buen uso de las capacidades con las que la naturaleza lo ha dotado: al león le proporciona fuerza; al zorro, agilidad y astucia, y al hombre, racionalidad. Los animales irracionales disponen del instinto, una inclinación natural, para saber qué es lo que les conviene y qué es lo que les perjudica; y al hombre se le ha concedido un principio superior, la racionalidad, para luchar por la vida y perfeccionarla. En el hombre, la razón es la que debe gobernar los apetitos, los deseos y las emociones. Si cada viviente debe vivir conforme a la virtud que le es propia, la vida natural en el ser humano debe ser una vida conforme a la razón, lo que significa sustituir el esquema estímulo-respuesta por el de estímulo-reflexión-respuesta. La propia razón, y no la voluntad de otro hombre, es el único legislador con potestad para determinar cuáles son los principios que deben gobernar nuestras vidas y dotarlas de sentido. Diógenes oponía la resolución a la fortuna, la naturaleza a la ley y la razón a la pasión,[22] y afirmaba que el fin de la vida humana es obedecer absolutamente a la razón en las elecciones, pero que nuestra racionalidad se pervierte y enajena, unas veces por la opinión de los demás y otras por el placer.

Una vida natural es una vida examinada a la luz de la razón, una lucha constante para no caer ni la estupidez ni en la conducta gregaria, porque, como repetían continuamente Antístenes y Diógenes, hay que tener cordura para vivir o cuerda para ahorcarse.[23]

9

Las virtudes de un buen perro

> Es muy factible que el profesor que hable con rostro grave sea obedecido por los muchachos sin educar y que haya un camino muy fácil para la sabiduría, enseñado por los denominados cínicos. Pues también ellos dicen que «su preparación es el camino abreviado hacia la virtud». Algunos de ellos, sin embargo, rectificando eso, suelen afirmar que «la filosofía cínica es el camino no hacia la virtud, sino por la virtud hacia la felicidad».
>
> GALENO, *Sobre el diagnóstico y remedio del espíritu de cada pecador*

El cínico es un atleta del carácter que mediante la ascesis (ejercicio, entrenamiento) busca alcanzar la virtud, único fin y propósito de la existencia. El término latino *virtud* intenta traducir el griego *areté* (*ἀρετή*) que significa «excelencia», lo más importante y lo más digno de nuestro ser, nuestra mayor competencia como seres humanos, nuestros bienes interiores. La *areté* es todo aquello que nos hace auténticos hombres y despliega nuestro verdadero ser. Las virtudes son, por tanto, el conjunto de cualidades de carácter que hacen que la vida del individuo que las posee sea plena. La virtud permite superar con éxito cualquiera de las adversidades que los hombres encontramos en nuestros caminos vitales hacia la felicidad. Por el contrario, el vicio es un fracaso en la intención de ser bueno y vivir bien.

El maestro cínico ejercitaba a sus discípulos para que cada minuto de sus vidas fuese egregio; para que en cada actividad, por cotidiana que fuese, se esforzasen en ser excelentes; para no caer en la mediocridad y desperdiciar la existencia siendo lo que no somos.

En su búsqueda de la excelencia, los cínicos hicieron de la filosofía un ejercicio de ser mejor, un entrenamiento del alma; algo que Cicerón supo ver cuando en sus *Tusculanas* escribe que si existe un arte para el cuidado y el mantenimiento del cuerpo, también existe otro para el del alma, y se llama filosofía, que consiste en cultivar las semillas de las virtudes que están insertas en nuestra naturaleza, y que cuando se desarrollan, nos conducen a una vida feliz.[1]

Los cínicos entrenaban el espíritu a la manera en que los atletas griegos moldeaban y perfeccionaban su físico, ya que el alma es igual de dúctil que el cuerpo. El arte griego proponía a los atletas modelos a imitar y les enseñaba cuáles eran las virtudes que debían alcanzar por medio de un adecuado ejercicio. La escultura del Doríforo de Policleto, por ejemplo, mostraba el arquetipo de cuerpo de un lanzador de jabalina en la plenitud de su juventud y su belleza; y los epinicios —antiguos himnos griegos que cantan una victoria deportiva— enseñaban las virtudes del buen atleta: la belleza, la capacidad de esfuerzo, el sacrificio, la serenidad en la victoria y la inteligencia. Pero ¿cuáles eran las virtudes que el atleta del alma perseguía y cuáles eran los ejemplos que imitaba? Los modelos ya los hemos visto: entre los hombres, Heracles, y entre los animales, el perro. Tratemos ahora las virtudes.

La *parresía*, el ladrido del perro

La franqueza en el hablar, que se opone a la adulación, a la corrección política y a la hipocresía, era una de las virtudes más valoradas por los cínicos. La practicaron llamando a las cosas por su nombre sin importarles quién era la persona que tenían delante. De entre todos los cínicos, Diógenes fue el más terrible en el uso de la *parresía*: ladraba a todos la verdad sin sutilezas, no tenía pelos en la lengua, denunciaba la corrupción allí donde se encontraba y denostaba públicamente a los poderosos con sus agudas e hirientes bromas, sin mostrar miedo a sus amenazas.

El perro de Sinope afirmaba que con su mordacidad, mordía no para satisfacer su ira, sino para extraer los vicios ocultos y para corregir a los hombres mediante la represión.[2] Con su libertad absoluta de expresión —no sujeta a ningún freno de cortesía, buen gusto o prudencia—, Diógenes se permitía censurar abierta y públicamente los vicios de cualquiera y, en particular, los de los poderosos. Escupió a la cara de un aristócrata que le había invitado a su mansión y cuando este le preguntó por qué lo había hecho, Diógenes le respondió que era el lugar más sucio, corrupto e indecente que había encontrado. A un rico ignorante que se pavoneaba le dijo que era «el borrego del vellocino de oro»;[3] a un muchacho que presumía de una lujosa capa le espetó delante de todos: «¿Por qué te jactas de la virtud de una oveja?»;[4] al hijo de una prostituta que arrojaba piedras a la gente le advirtió que no debía apedrear a los desconocidos, no fuera a pegarle a su padre,[5] y a otro jovencito que enseñaba un cuchillo de guerra que había recibido de su amante como pago por sus servicios le dijo que el arma era hermosa, pero el mango, vergonzoso, haciendo un juego de palabras de connotaciones sexuales entre la empuñadura y la manera de obtenerla.[6] Al ver a una vieja engalanada, dijo: «Si es para los vivos, te has equivocado, pero si es para los muertos, no te demores»,[7] y a otro que fingía estar enamorado de una vieja rica le dijo: «A esa no le ha echado el ojo encima, sino el diente».[8] Los cínicos, como afirma Eduardo Schwartz, tuvieron la valentía de burlarse de los burgueses hipócritas «que se jactaban de una libertad y una educación heredadas, y disfrutaban los goces de una civilización material muy elevada, como si la hubiesen creado ellos, porque podían pagarla».[9]

El cultivo de la *parresía* cínica no solo consistió en una franqueza en el hablar, también implicaba una franqueza en el vivir. El cínico practicó una congruencia entre lo que se dice y lo que se hace. Esta coherencia fue la que le daba licencia para espetar la verdad a la cara a quien no la quería oír.

El compromiso de los cínicos con la verdad hasta tal punto llegó, que sus vidas fueron transparentes: todas sus acciones se realizaban a plena luz del día y ante la mirada de los demás. La verdad (*alētheia*, que podemos traducir del griego por «desvelar», «sacar a la luz lo que está oculto», «hacer evidente») debe ser expuesta en la plaza pública, donde la mayoría de los hombres pasan su tiempo. Los cínicos exhibieron una vida verdadera, franca y auténtica en el lugar en el que la gente interpreta vidas impostadas y pronuncia falsos discursos. Los hombres calumnian y mienten sin pudor en el ágora, pero se esconden en sus casas para satisfacer su apetito sexual; se engañan los unos a los otros en el mercado, pero comen tras las puertas de sus hogares porque hacerlo en público no es decente. El cínico quebrantó la norma social para sacar a la luz lo que los demás escondían y denunciar el juicio distorsionado de los que confunden lo bueno y lo perjudicial, lo decente y lo vergonzoso, como el daltónico los colores. Diógenes se masturbaba en público y respondía a los que le insultaban: «¡Ojalá también pudiera calmar mi hambre frotándome la barriga!»;[10] comía en mitad del ágora con este argumento: si no es ninguna rareza que un hombre coma, tampoco puede serlo comer en el ágora.[11]

Muchos fueron los cínicos que se atrevieron a denunciar los vicios de los poderosos sin miedo a las represalias. En el año 75, durante el reinado del emperador Vespasiano, dos filósofos cínicos fueron cruelmente castigados por criticar en público a los dirigentes; a uno lo azotaron y al otro lo decapitaron. El historiador romano Dion Casio,[12] que formaba parte del aparato ideológico y propagandístico del imperio, criticó al cínico Demetrio por tomar como pretexto la filosofía para exponer públicamente muchas cosas inconvenientes y subvertir a los demás. A la autoridad no solo se la ofende cuando se la critica, sino también cuando no se dan las convenientes muestras de respeto y sumisión. Demetrio no se achantó y llamó malcriados a los de buena cuna, codiciosos a los ricos y serviles al pueblo que los sostenía. Vespasiano, harto de tanta insolencia, ordenó que le dijeran de su parte: «Tú lo haces todo para que te mate». Demetrio tampoco se intimidó esta vez, sino que continuó criticando públicamente la monarquía y defendiendo la democracia. Dion Casio censuraba la manera de filosofar de Demetrio «como si la función de la filosofía fuera censurar violentamente a los gobernantes, sublevar a la multitud, derribar el orden establecido e introducir la revolución». Dion Casio consideraba que el buen filósofo es aquel que nos explica por qué las cosas son como son y por qué no deberían cambiar. En la misma línea, Eliano, el comandante de la guardia pretoriana en tiempos de Nerón, denunciaba que el discurso de los filósofos cínicos era una pueril palabrería y que eran unos arrogantes por no querer disfrutar de ningún bien y por no esperar a que la muerte «les llegue de modo natural, sino que se la procuran mediante la provocación de quienes usamos la espada».[13]

El cínico, en su compromiso con la verdad, no se ensaña únicamente con los poderosos; siempre que se topa con una multitud, aprovecha para criticar sin tapujos a los que allí se encuentran reunidos. Alza su voz y su bastón y, lo quieran oír o no, les recuerda cuáles son sus deberes como seres humanos, los acusa por sus vicios, llama insensatos a quienes tienen equivocado el juicio sobre lo incorrecto y lo correcto, lo vergonzoso y lo indiferente, y tacha de ignorantes a los que ni siquiera se han preguntado cómo se debe vivir y de esclavos a los que no controlan el deseo; se sitúa en medio de la plaza y grita que la mayoría de las ciudades son asociaciones para delinquir donde se esclavizan a los libres, se legaliza la injusticia y los hombres se contaminan mutuamente con sus maldades. Diógenes escribió a su discípulo Crates instándole a que practicase la *parresía* en el ágora para corregir el juicio de los hombres y salvarlos:

> No quiero saber nada virtuoso sin compartirlo contigo. Pero por ello tú también trata de proponerlo en la plaza pública, donde la mayoría de los hombres pasan el tiempo. [...] La naturaleza es abundante en recursos y, aunque sea rechazada por la opinión, nosotros la restableceremos como medio de la vida para la salvación de los hombres.

El cínico confrontaba a sus vecinos ante el espejo de su *parresía,* les sacaba los colores y denunciaba cómo la estupidez hace que los seres humanos estén en una lucha continua unos contra otros, «durante la guerra con espadas y durante la paz con nuestras lenguas». El cínico los acusaba de ser los únicos animales que fuerzan a sus jóvenes a ir a masacrarse, castigando a los que no quieren matar y honrando con honores a los que derraman sangre en abundancia. Los animales son más sensatos que nosotros: «[...] los elefantes no son codiciosos, los leones no atesoran riquezas y los toros no se ponen ropas extravagantes y caras para diferenciarse de los otros toros».[14] Todo esto, y mucho más, es lo que un cínico estaba dispuesto a denunciar públicamente por amor a la verdad.

La *adoxía*, la indecencia perruna

Para un hombre libre, la *adoxía* (la impopularidad o mala reputación) no es un mal sino todo lo contrario, una virtud que debe cultivar. Los cínicos no mostraron ningún respeto a la *doxa* (la opinión de la mayoría) por ser esta cambiante, irracional y carente de fundamento. El sabio debe guiarse solo por su razón, sin dejarse influir por las creencias o las modas del momento.

El deshonor, la «mala fama» y el vituperio de la muchedumbre le sirven al cínico como estímulo para seguir esforzándose en su camino hacia la autenticidad. Las críticas de los demás son la señal inequívoca de que vamos por buen camino, como bellamente expresó Goethe en estos versos:

«Ladrador»

Cabalgamos por el mundo
en busca de fortuna y de placeres,
mas siempre atrás nos ladran,
ladran con fuerza...
Quisieran los perros del potrero
por siempre acompañarnos,
pero sus estridentes ladridos
solo son señal de que cabalgamos.[15]

Los cínicos se entrenaron en la *adoxía* por medio de la realización pública de acciones humillantes en el contexto de una sociedad que valoraba el honor, la decencia y el buen nombre. Diógenes le propuso como ejercicio a un joven discípulo que atase un arenque seco a una cuerda y que le siguiera por las calles de la ciudad. El discípulo no pudo vencer su vergüenza y abandonó la formación. Tiempo después se reencontraron y el maestro saludó a su exalumno diciéndole que era una pena que un inofensivo pescado en salazón hubiese roto su relación[16] y lo hubiese desviado del camino hacia la virtud.

La *adoxía* cínica es una forma de humildad diferente a la cristiana, ya que esta última supone una subordinación a la autoridad que el cínico repudia. San Pedro recomienda: «Igualmente, jóvenes, estad sujetos a los ancianos; y todos, sumisos unos a otros, revestíos de humildad; porque Dios resiste a los soberbios y da gracia a los humildes» (1 Pe. 5, 5).

Con la humildad cristiana, el creyente renuncia a sí mismo y, como María, se convierte en esclavo de su señor. La humildad cínica tiene como objetivo la liberación de la presión social y la reafirmación de su soberanía.

La exposición a situaciones humillantes fue un ejercicio con el que los cínicos reforzaron su voluntad y libertad interior. A Metrocles, un joven discípulo de la escuela fundada por Aristóteles, se le escapó una ventosidad mientras estaba ejecutando una lección delante de todos, y fue tanta la vergüenza, la culpa y el deshonor que sintió, que terminó cayendo en una profunda depresión. Se encerró en su habitación y renunció a comer, decidido a dejarse morir. Nadie sabía cómo consolar al pobre muchacho. Crates, cuando se enteró de lo sucedido, se puso a comer altramuces, cuyo alto contenido en fibra provoca concentración de gases, y una vez estuvo harto, fue a ver al muchacho. Cuando estuvo junto a él, el cínico le deleitó con un sonoro recital de flatulencias hasta que consiguió arrancarle una sonrisa. Crates demostró al muchacho, no con complicados silogismos, sino con su propia conducta, que expulsar gases es natural, que no debía avergonzarse, que ningún pecado había cometido y que todos los hombres, hasta los más dignos, se tiran pedos.

No hay ningún deshonor en la flatulencia. La indignidad se encuentra en aquellos que enseñaron a un joven a avergonzarse por el movimiento involuntario de sus intestinos. Metrocles abandonó el Liceo, se hizo discípulo de Crates y se convirtió en un célebre filósofo.[17] ¿Qué utilidad tiene una filosofía que hace que alguien esté dispuesto a quitarse la vida por un pedo?

La *atimía*, la falta de pedigrí

El honor (*timê*) de un hombre, en la sociedad griega, es lo que se le debe a él, a su casa y a su familia por su lugar en la estructura social. El honor expresa la opinión ajena. Honor y valor están conectados. Deshonrar a alguien es no reconocerle el valor que se le debe. Las leyes de honor tenían tal fuerza que cierta clase de insultos eran merecedores de ser castigados con la muerte.[18]

Nada era más ansiado por un griego que el *kleos*, la gloria, la fama y el renombre que se alcanzaba defendiendo mediante acciones heroicas a la comunidad, y que se transfería de padres a hijos, siendo estos los responsables de mantenerlo. El honor del buen nombre, que implicaba lo que los otros escuchaban sobre uno, era inmortalizado en la memoria de la comunidad por el canto de los aedos. En el Canto XX de la *Ilíada*, cuando Eneas y Aquiles se encuentran, antes de batir el bronce, se pavonean dejándose claro el uno al otro cuál es la altura de su linaje; y así, el héroe troyano comenta al pélida de pies ligeros: «Los dos conocemos nuestro linaje, así como también conocemos a nuestros progenitores de tanto oír sus famosas hazañas de boca de los mortales... Esta es la estirpe y esta es la sangre de la que me precio de ser».[19]

Fuera del campo de batalla, en el ágora de la ciudad, la sociedad griega instaba a los individuos a competir por los puestos de honor en la función pública y premiaba con dignidades a aquellos que mostraban una absoluta adhesión al Estado. Un «buen ciudadano» debía mostrar docilidad al aparato político, una obediencia ciega a la autoridad y no solo no cuestionar el *statu quo*, sino colaborar en su perpetuación. Aristóteles propuso que se debía recompensar con loas públicas (títulos, discursos de alabanza, esculturas, celebraciones, inscripciones, etc.) a las personas que actúan en beneficio del Estado;[20] los cínicos, en cambio, consideraron la *atimía* (el deshonor y la mala fama que apartaba al ciudadano de la actividad política) como una de las virtudes propias del filósofo. La *atimía* estaba institucionalizada en Atenas como un instrumento de control social que castigaba a los ciudadanos díscolos y a los que llevaban a cabo acciones deshonrosas como prostituirse o desertar. La sanción conllevaba una pérdida de derechos cívicos, la marginación y la exclusión de la vida política: la prohibición de asistir a la asamblea, ejercer como jurado u ostentar un cargo público. Los cínicos buscaron voluntariamente la expulsión de la vida política por ser esta irracional, inmoral y corrupta, y se declararon extranjeros en la ciudad.

Un filósofo no puede ser amigo del Estado, ya que su compromiso con la virtud le llevará a enfrentarse al poder cuando este intente llevar a cabo acciones injustas. Sócrates, modelo de actitud política para los cínicos, se opuso en reiteradas ocasiones a las decisiones de la asamblea cuando proponía condenas absurdas, desobedeció al gobierno de la ciudad cuando le ordenó detener y matar a un hombre y no se cansó de repetir que no quería hacer política. Sócrates era de buena cuna, se había educado con grandes maestros de retórica y de oratoria, había destacado por sus acciones heroicas en la guerra, se movía en el influyente círculo de Pericles; es decir, tenía todo lo necesario para haber realizado una meteórica carrera política a la que renunció por la filosofía porque, como confesó en su juicio, desde niño una voz en su interior se oponía a que realizase acciones innobles, y la política era una de ellas.[21] El filósofo debe impedir que sucedan en la ciudad muchas cosas injustas e ilegales, y esto solo puede llevarlo a cabo si se sitúa fuera de la política. Sócrates consideraba que la función del filósofo en la ciudad era la de examinarse continuamente a sí mismo y a los demás;[22] si el Estado puede compararse a un enorme caballo de andares lentos, el filósofo debe ser el tábano que esté continuamente picándole para que cabalgue con más brío.

La tarea del filósofo de luchar contra toda forma de injusticia no puede comprometerse con la disciplina de ninguna ideología, partido, gobierno, pueblo o Estado. No parece que en esto Platón siguiese los pasos del maestro, algo que sí supieron hacer los cínicos. Antístenes consideraba que el filósofo debía vigilar al político porque «tan peligroso es dar una espada a un loco como poder a un malvado».[23] Con su *atimía* voluntaria, los cínicos mostraron un nulo interés por los cambios políticos, pero un fiel compromiso por la mejora moral, tanto del individuo como de la sociedad.

La *autarchía*, la ausencia de dueño

La vida cínica es una vida autárquica, absolutamente independiente, que practica un ejercicio continuado de soberanía en cada gesto, que elude cualquier forma de servidumbre y que no reconoce ningún poder superior. El buen perro es dueño y señor de sí mismo.

Los cínicos se equipararon a los cíclopes porque, como ellos, no respetaban la ley escrita, vivían salvajemente y cada uno se gobernaba de forma autónoma.[24] La *Odisea* nos presenta a los cíclopes como unos pastores que moraban en las tierras de Sicilia. No tenían ninguna estructura política, ni asambleas ni normas legales, sino que cada uno vivía absolutamente libre e independiente, de sus cabras y de sus quesos. Rechazaban la civilización humana, vivían fuera de la ley y no respetaban ni a dioses ni a hombres. Eran individualistas y pacíficos, pero capaces de destruir a quienes los molestasen. Se establecían en tierras fértiles, pero no las cultivaban, porque no querían ser domesticados por la agricultura y porque se satisfacían tomando de la naturaleza lo que esta les ofrecía. Todo lo que necesitaban crecía sin necesidad de semillas ni arado: trigo, cebada y vides, cuyos grandes racimos les proveían de vino.[25] Moraban junto al ancho mar, pero no comerciaban, porque querían vivir por y para ellos mismos. Tenían un solo ojo en la frente, el lugar en el que reside el pensamiento; una imagen poderosa de que el cíclope lo pasa todo por el tamiz de la razón.

El prototipo de cíclope siempre ha sido Polifemo. Homero nos cuenta que era «un individuo monstruoso, que llevaba a pacer sus ganados en solitario y aparte. No se trataba con otros y carecía de normas. En verdad que era un monstruo asombroso, y no se parecía a un hombre comedor de pan, sino a un peñasco selvático de los fogosos montes, que se erige señero y altivo».[26]

Cíclopes y cínicos entendieron que la *autarchía* (poder absoluto, dominio de sí mismo, ausencia de la intervención de terceros en un gobierno guiado bajo los propios principios) tiene como condición necesaria la *autárkeia* (autosuficiencia, autoabastecerse con los propios recursos, disponer lo necesario para vivir). Para los cínicos, el término *autárkeia,* a diferencia de lo que ocurre ahora, que solo posee connotaciones económicas, indicaba un ideal de vida: el del hombre que se basta a sí mismo y que no necesita de otra cosa más que el ejercicio de la virtud, no es el que posee una sobreabundancia de bienes, sino el que ha sido capaz de vivir sin depender de otros, sin deber nada a nadie.

Aunque los griegos temían a los cíclopes, Antístenes los valoraba por su capacidad para contentarse con lo que la naturaleza les ofrece espontáneamente. El cíclope, como el cínico, es desmesurado y monstruoso, sí, pero en el sentido de grande y superior a los hombres, ya que, a diferencia de estos últimos, aquellos son autosuficientes, dependen solo de sí mismos para ser felices y no se subordinan los unos a los otros.[27]

La *apátheia*, la indiferencia del perro

La *apátheia* del sabio, para los cínicos, es la expresión máxima de felicidad y autarquía: el autodominio de las pasiones. Platón nos cuenta —de oídas, porque ese día estaba enfermo— que Sócrates permaneció impasible y sereno ante su muerte, llegando incluso a bromear sobre ella. Antístenes, que por entonces era uno de sus más queridos discípulos, emuló a su maestro permaneciendo como testigo mudo mientras otros lloraban desconsoladamente, gritaban o pronunciaban maldiciones.[28] Este cínico, tomando como modelo la conducta de Sócrates, describe al sabio como el hombre impasible y autosuficiente que vive de acuerdo con la virtud, que es indiferente a la opinión de los demás y que incluso considera la impopularidad como un bien.[29]

El término *apátheia* indica la privación o eliminación de los *páthe* (las pasiones) y normalmente se traduce como «impasibilidad». Las pasiones son desórdenes anímicos que surgen en el alma como resultado de juicios irracionales, impulsos descontrolados que generan conductas alejadas de toda razón.

Las pasiones combatidas por el sabio no son la totalidad de las emociones que un ser humano es capaz de experimentar,[30] sino solo aquellas que destruyen la capacidad de gobernarnos, como por ejemplo el odio, la ira, la ambición o la ansiedad. Este tipo de estados anímicos enajenan el juicio y la voluntad, como bien supo ver Baruch Spinoza cuando advertía que «un hombre sometido a los afectos no es independiente, sino que está bajo la jurisdicción de la fortuna, cuyo poder sobre él llega hasta tal punto que a menudo se siente obligado, aun viendo lo que es mejor para él, a hacer lo peor».[31] Diógenes aleccionaba a sus vecinos contra la servidumbre a las pasiones. Afirmaba que si los criados son esclavos de sus amos, los débiles lo son de sus pasiones; en este sentido, es muy ilustradora la anécdota que cuenta que al encontrarse en cierta ocasión a uno que intentaba violar a una prostituta, dijo: «¿Por qué quieres conseguir, desgraciado, lo que es mejor perder?».[32]

No sería correcto interpretar la *apátheia* como una eliminación completa de los afectos, un estado así solo es comparable a la muerte; deberíamos entenderla más bien como una curación de las enfermedades del alma y como una respuesta racional a los impulsos. La respuesta del sabio a las pasiones no es ni instantánea ni inmediata, sino reflexiva, y por ello se asegura un control no solo de su estado anímico, sino también de su conducta.

La *apátheia* es el dominio de uno mismo alcanzado mediante una indiferencia (no insensibilidad) emocional; es un control (no una supresión) de nuestros apetitos y sentimientos. El cínico no es un ser insensible al dolor o al placer, pero ha conseguido que estos no afecten a su juicio. El hombre sabio siente placer y dolor, pero no permite que le nublen el juicio. La escuela de Antístenes consideraba los estados anímicos de impasibilidad (*apátheia*) y de quietud (*heremía*) como virtudes propias del sabio, dado que los placeres y los dolores vuelven perversos a los hombres cuando estos los persiguen o los evitan.[33] En este sentido, su máxima fue la de «no inquietarse por nada». Con esta manera de vivir reflexivamente, el cínico alcanza una existencia despreocupada, se desentiende de las inquietudes que alteran el ánimo de la mayoría de los hombres y se aproxima a una felicidad superior, propia de dioses.

La *kartería*, la fortaleza del perro

La *apátheia* solo se puede obtener por medio de la *kartería*, es decir, la fuerza de voluntad que permite soportar con coraje el dolor y resistir el deseo. El cínico, como un guerrero espartano, va endureciendo su voluntad mediante negaciones, y así, por ejemplo, controla su alimentación sin traspasar los límites impuestos por la naturaleza e ingiere únicamente lo que el cuerpo necesita, no lo que le apetece, modera sus horas de sueño o acostumbra a su cuerpo a soportar las inclemencias del tiempo, el hambre o la sed. Los cínicos practicaban un doble adiestramiento: el espiritual y el corporal;[34] Diógenes, por ejemplo, para robustecerse, se revolvía sobre la arena ardiente del verano y se abrazaba a las gélidas estatuas durante el invierno.[35] Los cínicos, con sus almas virtuosas, demostraron que se puede vivir honestamente feliz, y con sus cuerpos, que su estilo de vida es beneficioso para la salud.[36]

Esta «gimnasia de la voluntad» tiene como objetivo alcanzar el autodominio —expresión de la libertad humana— y obtener el máximo placer con el mínimo de medios a nuestro alcance, y esta es la gran diferencia, como apunta Foucault, entre la ascética cínica y la ascética cristiana, ya que esta última tiene como objetivo la eliminación absoluta del placer.[37] El asceta cristiano castiga su cuerpo por ser este fuente de pecado; el cínico lo controla y goza de él en grado máximo. El asceta cristiano se mortifica con la penitencia para ganar su entrada en el cielo prometido; el cínico disfruta del paraíso terrenal que ha construido con sus propias fuerzas.

La *ataraxía*, la serenidad del perro

La *ataraxía* es el fin ético que persigue el hombre sabio. Supone una serenidad interior y una despreocupación de los asuntos que angustian al hombre corriente, y que eleva al que la posee al estado en el que se encuentran los dioses, los cuales no se ocupan ni del gobierno del cosmos ni de los asuntos humanos.[38]

La *ataraxía* es, de un lado, un concepto negativo que implica la ausencia de *taraché* (turbación, alboroto, perturbación), y, de otro, un concepto positivo que alude al buen ánimo que manifiesta el hombre sabio, especialmente ante las circunstancias negativas y ante la mala fortuna. En este sentido, fue modélica para los cínicos la figura de Sócrates por el talante despreocupado con que afrontó la muerte y por no perder su inimitable sentido del humor mientras la negra noche cubría sus ojos. La utilidad de la filosofía es la de ofrecernos los medios con los que alcanzar esa *ataraxía*; y por eso, cuando a Diógenes le preguntaron que para qué sirve la filosofía, su respuesta fue: «Para estar preparado contra cualquier embate del azar».[39]

Con el término *taraché* los griegos se referían a las acometidas del mar, los estruendosos oleajes o los temblores de la tierra; es decir, a toda alteración violenta del orden natural, y por analogía, también lo usaban para nombrar los movimientos desordenados del alma. La *ataraxía* es una restauración del equilibrio natural roto por el deseo, las pasiones, la ignorancia y los errores de juicio. Los movimientos del alma del sabio son tan perfectos, armoniosos y ordenados como los de los orbes celestes. El sabio muestra siempre un espíritu apacible y apaciguador. Sócrates no solo supo morir en paz, sino que además tranquilizó a los que le acompañaban.

En su tragedia *Heracles*, Eurípides presenta el *taraché* como una confusión de la mente y como el estado previo a la enfermedad de la locura: el ánimo del héroe se altera de tal modo que sus ojos dejan ver raíces enrojecidas y arroja espuma por la boca, queda sin habla, siente que ya no es el mismo y confiesa que ha caído «como en un torbellino, como en una terrible confusión [*taraché*] de la mente»,[40] mientras la respiración de sus pulmones se eleva febril e irregular. La filosofía es terapéutica; devuelve y restaura la salud del alma; pudo sanar el trastorno de Heracles. El ejercicio filosófico hace de la mente un refugio seguro en el que resguardarse cuando la realidad nos azota, y no un lugar de tormento, insatisfacciones y culpabilidad.

El sabio goza de un estado de ánimo superior porque posee un control de su mente, no persigue cosas exteriores y ajenas (fuente de las turbaciones), no está perturbado por deseos insatisfechos, se amolda a la naturaleza y disfruta (y hace disfrutar a los demás) de un equilibrio permanente en el alma y en el cuerpo.[41] Nadie ha visto nunca a un sabio con semblante triste; él es su propio rey y amo:[42] estos, y no la erudición, son el poder y las señales de su sabiduría.

10

Los vicios

En su adiestramiento, el cínico no se contentó con desarrollar el catálogo de virtudes visto anteriormente, sino que además se empeñó en ir amputando, tanto del alma de sus congéneres como de la suya propia, los vicios que como una enfermedad emponzoñan la vida. El cínico actuó como un médico compasivo, como un benefactor de la humanidad; siempre preocupado por la salud moral de sus congéneres, e impulsando a todos a ser mejores personas. Antístenes entendió de Sócrates que una vida filosófica es una existencia comprometida con la virtud (el objetivo del filósofo no es conocer el bien —lo cual solo es un medio— sino ser bueno) y por ello exhortaba continuamente a sus vecinos a que desaprendiesen el mal.[1] La fuente de la que proceden todos los vicios es la mala educación. Los cínicos creían que es a través de los procesos de socialización como se instalan determinados hábitos perjudiciales que funcionan como una especie de *malware* disfrazado de *software* legítimo con el que se cede el control a un tercero y con el que nos alejamos de la excelencia.

El vicio es contrario a la virtud. Si esta supone un conocimiento moral verdadero, aquel solo puede ser fruto de la estupidez, de una tremenda torpeza para comprender cuál es la naturaleza humana y el fin último de nuestras existencias. Tanto en el hombre virtuoso como en el malvado existe una gran coherencia entre cómo se piensa y cómo se vive;

por este motivo, el filósofo cínico, corrigiendo la estulticia, puede sanar la vida.

Akrasía o incontinencia

La palabra *akrasía* o *acrasia* procede del griego y está compuesta por el prefijo privativo «a-» y por el sustantivo *kratos* («poder»), y puede traducirse literalmente como «falta de poder» o «falta de dominio». Con este término, los cínicos señalan el estado mental de irracionalidad que causa que una persona actúe en contra de su bien. Supone una debilidad de la voluntad que, a sabiendas, abandona la prudencia y cede ante un impulso aun cuando se entiende que no será bueno para nosotros. También sería *acrasia* cuando uno no hace lo que debe porque esto le desagrada o le supone un esfuerzo.

Paradigmático es el caso de Leoncio,[2] un vecino de Atenas, que mientras subía del puesto del Pireo por la parte exterior del muro norte de la ciudad, se topó con unos cadáveres que estaban tirados por el suelo al lado del verdugo. Comenzó entonces a sentir un morboso deseo de verlos, pero al mismo tiempo le repugnaba la inclinación y la reprimía; y así estuvo luchando y cubriéndose el rostro hasta que, vencido por su apetencia, abrió los ojos y, corriendo hacia los muertos, dijo: «¡Ahí los tenéis, malditos, saciaos del hermoso espectáculo!».

A diferencia del desdichado Leoncio, para el cínico el deseo es conforme a la razón; o todavía más, en el sabio, el deseo, si lo tiene, nunca es el motor de su acción. El cínico se ha entrenado para moverse solamente por lo que su razón le dicta. La *acrasia* es el estado de dejadez en el que alguien entra cuando no ejercita ni el cuerpo ni la voluntad. Diógenes decía que «nada en la vida se consigue sin entrenamiento, y que este es capaz de mejorarlo todo»,[3] e instaba a todos a que dejasen de ser unos incontinentes. En cierta ocasión, cuando los atenienses erigieron una estatua de Afrodita tomando como modelo a una famosa prostituta de la ciudad, Diógenes escribió sobre la inscripción «Ofrenda a Afrodita» esta otra: «Ofrenda a la incontinencia de los griegos».[4]

Aphrosýne o insensatez; *ágnoia* o ignorancia

Aphrosýne es la falta de *phronesis* (prudencia o sabiduría práctica). Aristóteles definió la praxis como la acción que no produce objetos, que se agota en sí misma y que influye en personas. Así, la sabiduría práctica, de la que carece el tonto, es la habilidad para pensar cómo y por qué debemos actuar, para identificar adecuadamente no solo los medios, sino sobre todo los fines de nuestra conducta. El tonto es alguien que razona lo que debe hacer, pero lo hace mal. A diferencia del loco, la incapacidad del tonto no se explica por una enfermedad, de la que no es responsable, sino por una culpable falta de conocimiento (*ágnoia* o ignorancia), por una desidia por la formación del buen juicio y por la osadía de emprender una acción sin haber reflexionado correctamente.

El cínico combate al tonto porque con su tontería no solo se hace daño a sí mismo, sino también a los demás. En 1976, el economista Carlo Maria Cipolla describió «las leyes básicas de la estupidez humana», que explican por qué la estulticia es la principal causa de la desdicha en nuestra especie. Los seres humanos, a diferencia del resto de los animales, debemos cargar a lo largo de nuestra existencia con el lastre provocado por otros miembros de nuestra propia especie. Este grupo, aunque nunca se ha organizado, actúa en perfecta sintonía para impedir el desarrollo del bienestar y de la felicidad humana. Subestimamos el número de individuos estúpidos que circulan por el mundo ya que, como afirma el versículo del Eclesiastés, *stultorum infinitus est numerus* («el número de tontos es infinito»). Una de las leyes de Cipolla afirma que todo ser humano entra en una de estas cuatro categorías: incautos, inteligentes, malvados y estúpidos. Estos últimos son los más peligrosos porque son aquellos que causan «un daño a otra persona o grupo de personas sin obtener, al mismo tiempo, un provecho para sí, o incluso obteniendo un perjuicio», algo incomprensible para un animal o para cualquier persona que no solo tenga razón, sino que además la use bien. Los estúpidos son, además, los más numerosos, por eso Antístenes, con socarronería, a uno que le decía: «Muchos te elogian», le respondió: «Pues ¿qué mal he hecho?». Para el cínico, la mayoría está formada por los ignorantes y viles, es decir, gente de tan poca calidad que no dista mucho de los malvados.

En su actividad cotidiana, el cínico era un hombre que no toleraba la estupidez, refutaba a los necios con una total franqueza de expresión y trataba de quitarles su insensatez y encrestamiento.[5]

Apaideusía o falta de formación

Así como existen hábitos intelectuales buenos, la *apaideusía* (carencia de educación) remite a aquellos hábitos intelectuales malos que incapacitan al individuo para entender la verdad, ya sea esta teórica o práctica. Pero no es la estupidez o la necedad que veíamos hace un momento, sino que la *apaideusía* es una falta de educación integral. Así, el que la padece puede ser muy competente en algunos aspectos y, a la vez, inepto en otros; puede ser, por ejemplo, hábil produciendo o gestionando, pero torpe para identificar los fines de la vida humana. Tucídides la define como causa de la reflexión precipitada. Para el escritor de *Las guerras del Peloponeso*, no haber forjado adecuadamente el carácter es lo que impide una cuidadosa reflexión moral.[6]

Para los cínicos, la educación no pretende la formación de eruditos, sino de hombres libres capaces de buscar por sí mismos su propio bien. La educación debe dirigir al hombre entero hacia su esencia, es por tanto un tránsito hacia la autenticidad. El individuo que padece *apaideusía* es un inmaduro, se ha quedado a medio hacer, no está en plena forma y encarna la mediocridad por no haber desarrollado convenientemente todas las capacidades propias de la naturaleza del ser humano. La *apaideusía* supone, en el fondo, la carencia del sentido para distinguir las cosas importantes. El nuevo rico es un arquetipo de hombre con *apaideusía*: petulante, engreído y soez, usa su dinero para intentar ocultar las pobrezas de su carácter (destapadas, una y otra vez, por las burlas del cínico). A los ricos ignorantes Antístenes los llamaba «rebaños dorados» y Diógenes los comparaba con las higueras de los barrancos, porque su fruto no lo comen los hombres sino los cuervos.[7]

Aplestía o insaciabilidad

El término *aplestía* se usaba en la medicina antigua para referirse a una ansiosa voracidad o un apetito canino, lo que hoy llamaríamos bulimia. Los cínicos lo usaban para referirse a la insaciabilidad del deseo que comparten el codicioso y el tirano, el primero de riqueza y el segundo de poder.

Antístenes consideraba la riqueza como una enfermedad y decía sentir lástima por quienes la padecían. El apetito es difícil de controlar, pero si encima se adquiere riqueza para sufragar el deseo, entonces se vuelve irrefrenable y se genera una espiral que no conoce límites naturales, morales ni legales:

> Observo también que algunos tiranos tienen tal hambre de riquezas que perpetran acciones más espantosas que los más necesitados; pues, por necesidad unos roban, otros asaltan casas, otros hacen esclavos; pero hay tiranos que destruyen familias enteras, matan en masa, y muchas veces incluso reducen a

la esclavitud a ciudades enteras para conseguir dinero. Así que, en lo que a mí respecta, compadezco grandemente a esos tipos por la grave enfermedad que sufren; me parece, en efecto, que padecen lo mismo que alguien que, a pesar de tener mucho y comiendo mucho, nunca se siente saciado.[8]

El codicioso desea tener más que los demás de forma obsesiva. La codicia es la gran enfermedad moral de la ciudad. La corrupción del poderoso afecta a toda la comunidad y la sume en la desgracia. Diógenes decía de sí mismo que trabajaba para la ciudad como espía de la insaciabilidad de los tiranos,[9] y es que forma parte de la vida cínica combatir una de las más poderosas formas de corrupción. El deseo tanto de poder como de bienes materiales no tiene límites y genera un tipo de sujeto que solo puede pensar en sí mismo, carente de toda empatía, y que degrada al resto de los seres humanos a la categoría de simples medios. Pero, además, la codicia no solo es un vicio que degrada el alma del codicioso, sino que genera injusticia y desigualdad. No se trata solo de tener más que los demás, sino de tener a costa de los demás.

La gula y la embriaguez

Antístenes usaba el relato homérico de Circe para ilustrar que la gula y la embriaguez degradan la naturaleza del ser humano. Como la hechicera, la ciudad agasaja a los hombres con una desorbitada cantidad de comida y bebida, y los que se dejan llevar por la gula se convierten en auténticos cerdos. Diógenes, socarronamente, llamaba al vientre «la Caribdis de la vida»,[10] en referencia al horrible monstruo marino, hijo de Poseidón y Gea, con forma de remolino que devoraba todo lo que se ponía a su alcance. Por muy sofisticado, refinado y caro que pueda ser un alimento, o una bebida, su final será siempre el mismo que el de cualquier otro: el remolino al final de nuestro vientre. Por eso el perro de Sinope decía que mientras que los hombres viven para comer, él come para vivir.[11] También decía que comemos por placer, y por eso mismo no sabemos cuándo terminar.[12]

La embriaguez es un signo de insensatez y un insulto a la sabiduría. Los locos son más afortunados que los borrachos porque viven embriagados sin necesidad de comprar vino. Los borrachos se gastan el dinero para vomitar la inteligencia con la borrachera y caer voluntariamente en la locura. Diógenes, al ver sobre la casa de un libertino el letrero «Se vende», dijo: «Ya sabía yo que con tanta borrachera vomitarías fácilmente a tu dueño».[13]

Los cínicos no eran contrarios a la bebida, sino al no saber beber. En cierta ocasión, alguien no entendió esta diferencia y le recriminó a Diógenes que estuviese bebiendo en una taberna, a lo que el cínico respondió: «Y en la peluquería me corto el pelo».[14] Los cínicos aprendieron de Sócrates a beber en vasos pequeños y moderadamente:[15] los que beben cuando quieren se marchan rápidamente, mientras que los que calculan la bebida, y la beben poco a poco, no solo disfrutan de ella, sino que además convierten la vida en una fiesta.

Hýbris o soberbia

Hýbris es un concepto griego que puede traducirse como «desmesura», «soberbia», «vanagloria», «jactancia» o «fanfarronería». Los griegos consideraban esta insolencia como el pecado más grave castigado por los dioses; así lo expresa Heródoto:

> La divinidad fulmina con sus rayos a los seres que sobresalen demasiado, sin permitir que se jacten de su condición; en cambio, los pequeños no despiertan sus iras. Puedes observar también cómo siempre lanza sus dardos desde el cielo contra los mayores edificios y los árboles más altos, pues la divinidad tiende a abatir todo lo que descuella en demasía.[16]

La cínica era una moral de la mesura, la moderación y la sobriedad que invitaba a todo hombre a ser consciente de su naturaleza vulnerable, de su lugar en el universo y de su mortalidad. Antístenes aprovechaba toda ocasión para bajarle los humos a Platón. Una vez que el fundador de la Academia estaba enfermo, y al ver el cuenco de metal en el que había vomitado, le dijo: «Ahí veo tu bilis, pero no veo tu vanidad»; y en otra ocasión, al contemplar durante una procesión a un caballo de briosos relinchos, le dijo a Platón: «Me parece que tú también serías un caballo pomposo».[17]

Esclavitud al placer

De todos los vicios, el más peligroso para un cínico, por ser la fuente de la que emanan todos los demás, es la esclavitud al placer. Conocida es la afirmación de Antístenes: «Antes enloquecer que sentir placer». Lo que el cínico rechaza no es el placer en sí, solo el que crea adicción. Se debe, por tanto, examinar cada placer y rechazar aquellos cuyos efectos secundarios debilitan nuestra independencia, autonomía y libertad. Antístenes afirmaba que «ni el banquete sin la conversación ni la riqueza sin la virtud producen placer».[18] Es nuestro uso de los bienes como medios, y no como fines, lo que nos hace disfrutar de un placer sin vicio.

Los cínicos concibieron su entrenamiento como una confrontación con los dos enemigos reales de los hombres: el placer y el sufrimiento. En una carta a Crates,[19] Diógenes insta a su discípulo a que persevere en su entrenamiento y que no sea como la mayoría, que cuando comprueban la dificultad del camino del cínico, incapaces de soportar el esfuerzo, se echan para atrás, y dejándose arrastrar por el placer, caen en la molicie que ablanda el carácter del ser humano. El cínico debe aplicarse a resistir por igual el placer y el sufrimiento, puesto que ambos nos hacen la guerra de modo natural y constituyen una de las trabas más costosas para alcanzar la felicidad: el uno porque conduce al mal, el otro porque aparta del bien, por culpa del miedo. Por este entrenamiento tenía Diógenes el cuerpo como el de un atleta, su alma tan regia como la del rey persa y vivía más feliz que el que los hombres consideraran el más feliz.[20]

En su defensa del ejercicio físico y del deprecio a los placeres, Diógenes hizo una interpretación racional, bastante acertada, del mito de Medea y Esón. Las antiguas historias contaban que Medea le devolvió la juventud al viejo Esón, padre de Jasón, primero degollándolo y después cociendo su sangre. El perro de Sinope interpreta lo siguiente: «Medea fue sabia, no maga, porque cogía a hombres flojos y de cuerpos destruidos por la molicie y los ejercitaba y hacía resistentes, vigorizándolos en los gimnasios y en las termas. Por ello corrió la fama sobre ella de que los rejuvenecía, hirviendo los trozos de sus carnes».[21]

11

El uniforme y la alimentación del perro

La «conversión filosófica» en la vida de un cínico conlleva un cambio tan radical, que afecta a todas las dimensiones de la existencia, incluyendo aspectos tan cotidianos como el vestir o el comer.

Un manto de libertad

La apariencia exterior de un cínico es tan contracultural como su pensamiento. Un antiguo griego podía identificar a un cínico por su aspecto con la misma facilidad con la que nosotros hoy lo hacemos con un punk. Si al segundo se le reconoce por su cresta mohicana, sus botas militares y sus cadenas, al cínico se le adivina por su pinta cochambrosa, a medio camino entre el vagabundo y el mendigo, por caminar descalzo o con unas humildes sandalias, por vestir solo con un manto de tela tosca, por llevar sus pocas pertenencias en una alforja y por apoyarse en un bastón con la misma dignidad con que los antiguos reyes portaban su báculo.

El hombre vulgar viste obedeciendo los dictados de la moda y las convenciones estéticas porque desea ser aceptado por los demás. En cambio, el cínico construye una *antiestética* que busca tanto la provocación como la expresión de sus principios e ideales. Su vestir estrafalario, su melena y su barba hirsuta fueron un acto de rebeldía y una crítica al sistema de valores que pretendían subvertir.

A lo largo de la historia, el peinado, lo mismo que la ropa, se ha usado como un elemento para distinguir el estatus social del individuo, su pertenencia a un grupo y su adhesión a determinados valores y principios. La clase social en la antigua Grecia se marcaba con el tejido de las prendas, por medio de la calidad de sus telas y de los colores.[1] Hoy producimos de manera industrial grandes rollos de tela que posteriormente se cortan siguiendo múltiples diseños, pero en la Antigüedad eran los talleres domésticos los que producían una serie de piezas muy similares que podían usarse directamente sin necesidad de que un sastre las cortara. La ropa tenía una forma rectangular que le daban los telares y no se cosía, sino que se sujetaba al cuerpo por medio de cinturones, broches o alfileres. Como regla general, se utilizaban dos prendas: una interior, el quitón, que era una túnica holgada y larga que se usaba también para dormir y que llevaban tanto hombres como mujeres, y otra exterior, el himatión, un manto amplio que se echaba sobre el hombro izquierdo y se recogía por el otro lado. La aristocracia, aunque seguía este mismo esquema en el vestir, procuraba hacer ostentación a través del uso de telas procedentes de Oriente (como el lino, más lujoso que la lana nacional), y la moda era vestir paños de color púrpura[2] sobre túnicas blancas brillantes.

El cínico cuestiona las convenciones estéticas de la época y se viste con una única prenda que le identificará con rapidez: el tribón, un rudo manto de lana, doblado en sus dimensiones habituales, con forma rectangular que se sujetaba a la altura del hombro.

Antístenes fue el primero de los cínicos en doblar las dimensiones de su manto, y en esto también creó escuela: «Y fue el primero [Antístenes] en doblar el manto de paño tosco, según dice Dóciles, y se servía únicamente de él».[3] La expresión «doblar el manto» no se refiere al modo de colocar la prenda, sino al hecho de que el cínico, al no llevar ropa interior, duplicaba el largo de la tela.[4]

Siendo iniciado Diógenes en el cinismo por Antístenes, el joven discípulo le pidió a su maestro que le comprase una túnica, y este le respondió que se doblase el manto.[5] Antístenes era un hombre práctico: antes comer que vestir según las convenciones de la moda. Un buen ejemplo de cómo podía ser el uniforme del cínico lo encontramos en el doble manto que viste la estatua de la Bella Palas, expuesta en la Villa de Albani, el palacio construido en el siglo XVIII por el cardenal Alessandro Albani y que albergaba una de las mejores colecciones de arte antiguo.

El cínico es práctico en su vestir, por eso conculca las reglas de estilo y procura que su ropa solo cumpla la función de proteger el cuerpo de la manera más sencilla, económica y confortable posible. El manto cínico, por muy sucio y raído que esté (el de Antístenes debía de tener tantas roturas que Sócrates le advirtió que enseñaba lo que debía quedar oculto), sustituye a la piel con la que se protegen los animales mucho mejor que cualquier prenda de seda o lino traídas de Oriente.

Tertuliano afirma que nada hay más cómodo que el manto de un cínico, porque cuando uno se lo pone, no tarda nada en vestirse, puesto que toda su dificultad radica en envolverse sin ceñirse con él.[6] Tenemos que añadir otra ventaja a esta prenda: el manto sirve como ropa de cama para echarse a dormir en cualquier lugar y, además, es útil para cualquier estación del año; Antístenes usaba «el mismo manto mugriento en verano y en invierno, como corresponde a un hombre libre».[7] El doble manto le permite al cínico una absoluta libertad de movimiento: puede vagabundear sin miedo a que le alcance la noche porque lleva su casa a cuestas.

Los filósofos de las otras escuelas compartían una estética muy similar que no solo los identificaba, sino que sobre todo los distinguía: vestían una impoluta toga blanca de fina tela, se cortaban el pelo (Aristóteles era conocido por sus sofisticados peinados), usaban los baños y se perfumaban. El cínico subvirtió la estética filosófica vistiendo con una prenda de mendigo, dejándose crecer la barba y la melena, y rechazando las impostadas fragancias y «esencias». En el siguiente texto encontramos la explicación a semejantes pintas:

> He oído que dices que no hago nada extraordinario llevando el tosco manto doblado y la alforja colgada. Y yo afirmo que no hay nada de admirable en ellos, pero que es hermoso llevar a ambos como disposición anímica, porque es preciso que no solo el cuerpo practique esa parquedad, sino también el alma a la par que él y no proclamar muchas cosas, pero no practicar la autarquía, sino demostrar que la palabra es consecuente con el género de vida.[8]

También en el vestir el cínico practicó una coherencia extrema con sus ideas que distaba de la de aquellos filósofos cuyos discursos no casaban muy bien con las existencias que llevaban. El cínico se desnudó de convencionalismos y se revistió de autenticidad. Anduvo por el mundo ligero de equipaje, todo lo que necesitaba lo portaba en su zurrón, dormía al raso, teniendo como techo la inmensidad del universo, única posesión de la que el cínico se enorgullecía.

¿Y PARA COMER? LENTEJAS

El banquete de los cínicos es una divertida obra atribuida a un tal Parmenisco que narra cómo un grupo decide organizar un banquete siguiendo los principios de esta filosofía. El festín se reduce a su acostumbrada comida de lentejas. Detengámonos un momento en analizar cómo eran los banquetes en la cultura griega para que podamos llegar a entender en profundidad el gesto de las lentejas.

El banquete era un ritual en honor al dios Dioniso en el que se complacía al deseo de manera irracional. Estaba estructurado en dos momentos: en el primero, la comida era la principal atracción, mientras que en el segundo lo era la bebida. Se servían carnes y pescados cuyo consumo estaba reservado a las familias potentadas. Se iniciaba con una serie de libaciones en honor al dios que enseñó a los hombres a elaborar el vino, y después de tomar un aperitivo, se pasaba a sortear quién de entre los asistentes iba a ser «el rey del banquete» y asumir, entre otras, la responsabilidad de determinar cuánto vino debía beber cada invitado. En la segunda parte del banquete se servían los postres; los músicos que lo amenizaban solían ocuparse de complacer a los invitados tocando algo más que las flautas, y todos terminaban en un lamentable estado de embriaguez.

En el contracultural banquete cínico narrado por Parmenisco, los comensales ríen y disfrutan de un humilde pote de lentejas mientras discuten con sorna sobre el agua de qué fuente pública maridaría mejor con el suculento plato. Estos melenudos comensales saben que el verdadero placer no se encuentra en los platos refinados ni en los vinos caros. Para los cínicos del banquete es mejor disfrutar de una sopa de lentejas que conocer lo que es el temor y la ansiedad, precio que se paga por comer en la condimentada mesa del tirano.

La base de la alimentación del griego consistía en el consumo de cereales panificables (concretamente, la cebada para el día a día y el trigo para las ocasiones especiales) y en purés de legumbres (garbanzos, lentejas y habas). El pan se acompañaba con el *opson*, que sería el equivalente al *ozaku* japonés o a los curris indios, y que hacen de guarnición del arroz. El *opson* era el «condimento» y la parte más sabrosa de la comida; solía consistir en queso, aceitunas, carne (sobre todo de cerdo), pescados en salazón (el fresco estaba reservado a los ricos), cebollas, ajos, salchichas, higos, peras, granadas, col, espinacas o lechugas.

En los libros V y VII de *La República*, Platón detalla cuál ha de ser la dieta en su ciudad ideal: pan de cebada o trigo junto con un *opson* limitado al queso y a productos vegetales. El fundador de la Academia diseñó un régimen alimentario sencillo que garantizara la autarquía de la sociedad en caso de guerra o de pobreza. Los cínicos van un paso más allá y en su búsqueda de independencia se deprenden también de los condimentos refinados, reduciendo su dieta al humilde pan de cebada, sal, berros, algún pescado en salazón, lentejas y agua fresca. El objetivo es el mismo: garantizar la independencia.

Cuando Diógenes decidió abrazar el cinismo y hacerse seguidor de Antístenes, una de las primeras cosas que aprendió fue cómo comer. El discípulo le pidió al maestro que le condujese hacia la felicidad lo más rápido posible, aunque el camino fuese difícil y escarpado. Antístenes, atendiendo a la petición de Diógenes, le despojó de su noble manto y de su túnica, y le cubrió con una tosca y humilde tela, para, seguidamente, colgarle un zurrón del hombro e introducir en él un plato y un vaso. Diógenes le preguntó: «¿Por qué introdujiste el vaso y el plato?», y la respuesta de Antístenes fue: «Porque debes beber y comer un condimento, uno distinto si no dispones de berros».[9] Tiempo después, el discípulo reveló todo lo que aprendió de su maestro sobre nutrición:

> Tomemos para beber vasos de barro cocido sencillos y baratos, el agua de una fuente como bebida y como alimentos el pan y las sales o el berro de condimento. Esto es lo que aprendí a comer y a beber, cuando fui educado por Antístenes, y no como cosas viles, sino como superiores a las otras y que pueden encontrarse mejor en el camino que conduce a la felicidad. Porque hemos de erigir a esta, precisamente, en la más valiosa de todas las riquezas.[10]

Para alcanzar la felicidad por el camino rápido es preciso rechazar el hedonismo en el vestir, en el comer y en el beber, es decir, la insaciable búsqueda de placeres sensoriales inmediatos. El hedonista y el cínico distan mucho en sus formas de relacionarse con el placer. El primero lo considera el fin último de la vida humana, mientras que todo lo demás, incluida la libertad, serían tan solo el precio a pagar para conseguirlo. Para el segundo, nada puede ponerse por encima de la libertad. El comer y el beber del cínico deben garantizar siempre la independencia y el autogobierno.

El choque entre las ideas cínicas y las hedonistas sobre la forma adecuada de relacionarnos con la comida y la bebida quedó ilustrado en la famosa disputa entre Aristipo y Diógenes. En aquella ocasión, el filósofo hedonista salía por la puerta de un palacio tras haber disfrutado de un suculento banquete, cuando se encontró al perro de Sinope lavando verduras silvestres en una fuente, y le dijo:

> —Si sirvieras a las cortes de los tiranos, no necesitarías comer esa porquería.
>
> —Si comieras de esta porquería —le respondió Diógenes—, no necesitarías servir a ningún tirano.[11]

Los manjares del tirano se pagan con traiciones a la integridad personal. Diógenes le enseñó a Aristipo que la pobreza no es un mal, sino una aliada para pensar y vivir en libertad.

La austeridad en el comer, además de un escudo con el que defender nuestra independencia, supone una fuente de salud. Diógenes estaba mucho más sano que los que andaban siempre hartos, y de hecho vivió una larga vida sin conocer la enfermedad. Su técnica nutricional era sencilla: aguardaba a tener hambre para alimentarse y sed para beber. Su abstinencia y autocontrol le hacían disfrutar de un simple pedazo de pan con más gusto que el que Aristipo encontraba en los alimentos más exquisitos y delicados.

Comer mucho dificulta la capacidad de razonar y nos hace torpes e irritables; por este motivo, para Diógenes, el hedonismo era incompatible con la tarea filosófica. En su alimentación, el cínico seguía los sabios consejos tanto de Jenofonte como de Sócrates. El primero afirmaba que «lo grato es comer pan de cebada cuando se tiene hambre y, cuando se tiene sed, beber el agua extraída de un río»; el segundo, al caer la tarde, se dedicaba a dar vueltas alrededor de su casa, y cuando le preguntaban qué era lo que estaba haciendo, respondía que preparando el condimento para la comida.[12]

12

Ideología canina

¿Cuáles son las opiniones del cínico sobre moral sexual, matrimonio, familia, educación, política o religión? Como hemos visto, un cínico hace de su peculiar forma de estar en el mundo una refutación a la ideología dominante. El cínico opina con su vida, encarna su manera de pensar y no se permite contradicción entre teoría y praxis; argumenta, contraargumenta y rebate con su conducta, y toma su propia existencia como laboratorio en el que falsar una creencia, a pesar (o, mejor, precisamente) del apoyo social que esta tenga. En definitiva, se podría reducir la ideología canina a un único principio: no conformarse con decir la verdad, vivirla.

Materialismo existencial

El género de vida de un cínico es una objeción al idealismo, la ideología de Platón y sus secuaces, y por ello se puede entender la filosofía cínica como una especie de «materialismo existencial»:[1] una ideología que no se recoge en tratados, sino en biografías.

El cínico vive, y convive, con los otros, plenamente consciente de que somos un cuerpo compuesto por fluidos, vísceras, tejidos, carne y huesos que terminará diluyéndose en la naturaleza que lo originó. Nada en nuestro organismo es grosero, obsceno o asqueroso: somos esperma, orina y heces. No existen sustancias incorpóreas, todo viviente necesita de una base material y no puede haber vida, ni realidad, más allá de la materia. Mijaíl Bakunin zanjó el enconado debate entre idealistas y materialistas con estas contundentes palabras:

> ¿Quiénes tienen razón, los idealistas o los materialistas? Una vez planteada así la cuestión, vacilar se hace imposible. Sin duda alguna, los idealistas se engañan y solo los materialistas tienen razón. Sí, los hechos están antes que las ideas.[2]

De momento, los hechos siguen estando del lado de los materialistas. Si alguien quiere engañarse, está en su derecho. Nada impide creer en entelequias y en realidades paralelas. Pero otra cuestión bien diferente es permitir que las estructuras de poder usen las construcciones mentales para adormecer, aborregar e impedir que se subsanen las situaciones de injusticia social, política y económica. La historia demuestra que las fantasías idealistas han tomado partido por las clases dominantes y que han funcionado como instrumentos para perpetuarlas en el poder. El idealismo no solo ha legitimado el estado de cosas existente, sino que incluso ha servido para justificar el dominio de un grupo social sobre otro. No deberíamos delegar nuestra responsabilidad de construir un mundo justo a ningún mesías, ni depositar nuestras esperanzas de felicidad en un mundo trascendente y un tiempo futuro creado por la imaginación de un hombre tan material como nosotros. Ser materialista implica vivir conscientemente *hic et nunc*, aquí y ahora.

Todo cínico ha considerado la propuesta idealista de posponer la felicidad para un allá y un mañana como una locura y como una cobardía. No existen las sustancias espirituales a las que los idealistas han dedicado sus reflexiones, sus libros, sus debates, sus religiones o sus proyectos políticos.

En el debate con el idealista, el cínico se desnuda y demuestra la realidad de su cuerpo, para posteriormente pedir a su adversario que haga lo mismo con su supuesta alma, su supuesto dios y sus supuestas verdades eternas. El materialista expone ante nuestros ojos su corporeidad; el idealista nos pide un acto fe en su credo. El cínico le recuerda al idealista que definir no es dotar existencia a algo, que alargar un discurso encabalgando silogismos no lo hace más veraz. Y el filósofo canino termina concluyendo así la disputa: no somos cárceles de almas. Somos animales terrenales, dotadores de razón y de libertad para construirnos a nosotros mismos y disfrutar de la existencia, antes de que las partículas que conforman nuestro cuerpo se disgreguen en este único todo que es el universo.

La revolución sexual

¿Cómo es un cínico en la cama? Lo que un cínico tiene en la cabeza cuando se revuelca entre las sábanas es la idea de indiferencia moral del sexo. El pecado es cultural y solo se encuentra en el ojo del que juzga. El sexo es tan natural como el comer o el dormir. La educación recibida es la que impuso las gafas con las que vemos lo impúdico y lo vergonzoso. Un cínico se desprende de esas gafas y vive su sexualidad como un animal. Satisface la picazón con la misma naturalidad con la que sacia el hambre del estómago: en el lugar y en el instante que le viene, con lo que tiene más a mano. No reprime, no oculta, no niega.

San Isidoro de Sevilla se escandalizaba por la falta de «pudor humano» que demostraban los cínicos al fornicar en público, en lugar de esconderse, como hace un buen cristiano:

> Son llamados cínicos por la impureza de su desvergüenza, porque con una actitud contraria al pudor humano acostumbraban a unirse con sus esposas en lugares descubiertos, pues-

to que consideraban lícito y honesto acostarse en público con la esposa por ser legítima su unión conyugal y predicaban que había de realizarse públicamente, como los perros en las plazas públicas o en las aldeas. Por ello arrastraron tras de sí la palabra y la denominación de perros, cuya vida imitaban.[3]

Y en la línea del arzobispo sevillano y autor de las fantásticas *Etimologías*, Lactancio afirmaba que bien merecido tiene el cínico el apelativo de «perro» ya que se aparean como ellos:

> Pues ¿qué puedo decir de los cínicos, que acostumbraban a unirse con sus esposas en lugares descubiertos? ¿Qué tiene, por lo tanto, de sorprendente que hubieran arrastrado tras de sí la palabra y la denominación de perros, cuya vida imitaban?[4]

Para un cínico, cualquier práctica sexual, si cumple debidamente con las expectativas y sacia, es buena. Resulta una estupidez distinguir unos usos de buenos, sanos o normales y calificar al resto como desviaciones, enfermedades o pecado.

El sentir cínico sobre la moral sexual es el mismo que refleja la famosa escena de los caracoles y las ostras de *Espartaco* (Stanley Kubrick, 1960) que, por supuesto, fue eliminada del montaje original por la censura, ya que la moral de la época no estaba preparada para escuchar una reflexión cínica de tal calibre. Las imágenes muestran cómo un esclavo semidesnudo baña a su amo mientras tiene lugar este diálogo cargado de dobles sentidos:

> —¿Robas, Antonino?
> —No, amo.
> —¿Mientes?
> —No, si puedo evitarlo.
> —¿Has deshonrado alguna vez a los dioses?
> —No, amo.

—¿Te abstienes de los vicios por respeto a las virtudes morales?

—Sí, amo.

—¿Comes ostras?

—Cuando puedo, amo.

—¿Comes caracoles?

—No, amo.

—¿Consideras que comer ostras es moral y comer caracoles, inmoral?

—No, amo.

—Por supuesto que no, solo es cuestión de gusto, ¿verdad?

—Sí, amo.

—Y el gusto no es lo mismo que el apetito y, por lo tanto, no es una cuestión de moralidad, ¿verdad?

—Se podría decir así, amo.

—Mi gusto incluye tanto a los caracoles como a las ostras.

Y es que, para un cínico, censurar una determinada práctica sexual es tan absurdo como intentar determinar la moralidad de comer caracoles u ostras.

Antístenes fue el primero en usar el término *indiferente* para referirse a todo aquello que nada tiene que ver con la virtud o con el vicio. Lo indiferente no es *a priori* ni bueno ni malo, esto dependerá del uso que nosotros le demos. La formulación más conocida de esta doctrina de los indiferentes, que desarrollarán posteriormente los estoicos, se encuentra en Estobeo:

> Entre las cosas existentes, unas son bienes, otras males y otras indiferentes. Bienes son cosas de este tipo: prudencia, templanza, justicia, valentía y todo lo que es virtud y participa de ella. Males, en cambio, son cosas de este tipo: imprudencia, intemperancia, injusticia, cobardía y todo lo que es vicio o participa de él. Indiferentes, por su parte, son cosas de esta índole: vida-muerte, reputación-falta de reputación, placer-dolor, riqueza-pobreza, salud-enfermedad y lo similar a esto.[5]

Y es en Sexto Empírico donde podemos encontrar una información más detallada sobre cómo aplicaban la doctrina de lo indiferente a la homosexualidad:

> ¿Y qué tiene de sorprendente, cuando precisamente tanto los filósofos cínicos como los alumnos de Zenón de Citio, Cleantes y Crisipo, afirman por igual que [la relación homosexual] es un acto indiferente? Y también hacer el amor en público con una mujer, aunque entre nosotros parezca vergonzoso, entre algunos hindúes no se considera vergonzoso, puesto que se unen en público sin establecer diferencias, tal como hemos oído decir del filósofo Crates.[6]

Fueron los cínicos los pioneros en iniciar una revolución sexual en nuestra cultura que pretendía liberar al sexo de todo contenido moral y de toda función social. La desnudez es nuestro estado natural. Solo deberíamos cubrirnos para protegernos de las inclemencias del tiempo. Ninguna parte de nuestro cuerpo es impúdica, y en las cuestiones de Afrodita somos libres de hacer con nuestro cuerpo y con el del otro (si llegamos con él a un amistoso acuerdo) lo que nos plazca. Nadie tiene por qué dar explicaciones de su conducta sexual a ninguna institución política o religiosa, de igual manera que tampoco informa sobre lo que come. Debemos preocuparnos tan solo de gozar y hacer gozar, sin hacerle daño a nadie, como tampoco a uno mismo. Esta es la única norma que debe seguir el cínico en el juego sexual, todas las demás quedan abolidas.

En su defensa de una absoluta libertad sexual, los cínicos propusieron que se relacionen entre sí todos y todas, no abstenerse de ninguna participación en las relaciones sexuales, masturbarse, que las mujeres también puedan hacer uso de la prostitución, que los casados copulen con las criadas, que las casadas dejen a sus maridos y se unan con quienes prefieran (debemos recordar que los matrimonios griegos eran concertados) y que en ninguna actividad se excluya a las mujeres.[7] Diógenes llevó al extremo la doctrina de la indiferencia en los asuntos de cama y, por no condenar, no condenó ni siquiera tabúes sociales como la poligamia.

Aunque los cínicos aceptaban todas las prácticas sexuales, privilegiaron la masturbación por lo que esta tiene de autosuficiente. La mano garantiza la autarquía porque no nos hace depender de terceros para saciar el apetito. Diógenes no necesitaba ir a ninguna parte para satisfacer los placeres sexuales, sino que decía bromeando que «en cualquier lugar se le ofrecía gratis Afrodita» y afirmaba que «los peces eran algo más inteligentes que los hombres porque, cuando necesitan eyacular el esperma, emergen y se frotan contra alguna aspereza».[8] A Diógenes le sorprendía que la gente gastase tanto dinero para eyacular cuando disponen de una solución fácil y gratuita al alcance de la mano.

En los tratados médicos de Galeno encontramos cuál era el inteligente, económico y sano remedio cínico para aliviar las molestias provocadas por el semen retenido:[9]

> El cínico Diógenes fue el más capacitado de todos los hombres para cualquier hecho que requiriera continencia y fortaleza. Pero, sin embargo, él también hacía uso del placer sexual, porque quería liberarse de la molestia del semen retenido. No, por supuesto, con la intención de servir al placer, que va unido a la eyaculación, como si se tratara de un bien. Así, por ejemplo, en una ocasión, según dicen, acordó con una prostituta que fuera a verle, pero como ella se retrasó, él se desembarazó del semen tocándose el sexo con la mano. Y cuando ella se presentó después, la despidió, diciéndole que «la mano se ha adelantado a cantar el himeneo».[10]

Para un cínico, masturbarse no es un acto ni inmoral, ni impío, ni enfermizo. Todo lo contrario, en el hecho de frotarse uno mismo todo son ventajas: no se pospone la satisfacción del deseo, permite saciar la necesidad en el preciso momento en el que esta llega, es gratuito y no exige grandes esfuerzos, garantiza la independencia y la autonomía, no genera ningún vínculo y ninguna obligación, etc.

La comparación del apetito sexual con el hambre pone de relieve la indiferencia moral de ambos. Tanto en la mesa como en la cama, la moral debe callar para dar paso al juego. La diferencia esencial entre las normas morales y las reglas del juego es que estas últimas pueden cambiarlas los jugadores para facilitar y mejorar sus experiencias. Por continuar con la analogía, no existe un único juego en el que todos estemos obligados a participar, sino que es cuestión de gustos, apetencias y afinidades. Y por ello, en los juegos de Afrodita, el cínico deberá apostar por aquellos que exigen poco esfuerzo y garantizan altas dosis de diversión.

La jauría y la canigamia

El matrimonio no es una institución natural, sino una construcción tan cultural como la homofobia. La familia es un producto social sujeto a modificaciones y, para demostrarlo, el cínico hace volar por los aires la institución familiar griega con su crítica mordaz y con su excéntrica forma de vida en común.

La familia griega poseía una estructura patriarcal. En ella, el padre de familia era el dueño y señor de los esclavos de la casa y de las mujeres; la mujer era educada en la subordinación y dependencia al varón, incapacitada para tomar decisiones, dadas en matrimonio, recluidas en el interior del hogar para tejer, engendrar y criar a unos hijos que no eran suyos, sino del patriarca. El cínico consideró el matrimonio patriarcal como una forma de esclavitud y defendió el amor libre entre iguales, exento de cualquier forma de autoridad y relaciones de poder.

Las uniones entre seres humanos no deben tener un fin reproductivo (por eso los cínicos valoraban tan positivamente la homosexualidad) ni estar sometidas a las regulaciones del Estado o de la religión; tan solo deben ser acuerdos entre personas adultas con iguales derechos. Todas las partes del contrato deben poder disfrutar libremente de su sexualidad, y aunque esto pueda parecer obvio, ha de recordarse cómo en la cultura griega el varón era propietario de la sexualidad de la mujer.

Los cínicos defendieron la disolución de la familia con la idea de crear una sociedad en la que mujeres y hombres compartiesen igualdad de condiciones. Los niños, fruto de las uniones libres y voluntarias, deberían ser criados por el conjunto de la sociedad para que así las mujeres pudiesen quedar liberadas y dedicarse a las actividades que eran exclusividad de los varones. En este punto Diógenes añadía que debía abolirse toda forma de matrimonio para que las mujeres pudieran convivir con quien quisieran.[11]

El objetivo del cínico era el de destruir la sociedad tradicional autoritaria y, para conseguirlo, atacó su cimiento: la familia. Es en el entorno familiar donde se asimilan y se transmiten los valores, las creencias y las opiniones que reproducen estructuras de sometimiento. Los cínicos intentaron demoler este edificio cultural para construir sobre el solar dejado una nueva sociedad en la que los seres humanos pudieran desarrollarse, vivir en armonía con la naturaleza y recuperar el paraíso perdido. Se rebelaron a que su manera de amar se sometiese a los estrictos moldes creados hace milenios por una sociedad de cabreros. Cada uno debemos encontrar la tendencia amorosa que mejor se adecue a nuestro carácter y que mejor favorezca nuestro crecimiento personal. Frente al matrimonio concertado, el cínico defendió la unión por persuasión en la que los acuerdos son siempre revisables.

El sabio cínico supo desprenderse de la sagrada obligación de formar una familia y traer desagradecidos hijos a este mundo, dejando que fuesen otros los que se amargasen la vida con ello. Vivir cínicamente es vivir despreocupado por el matrimonio, los hijos y la patria. Todo eso siempre será para el sabio pura tontería.[12] Diógenes, aconsejado por Apolo, personificación de la racionalidad, se despojó de todos los condicionantes del entorno, se liberó de todas las ataduras y dedicó su vida a recorrer libremente la Tierra, al modo de un ave con uso de razón, sin temor al tirano, sin dejarse constreñir por la ley, ni ocuparse en la política, ni estar agobiado por la crianza de niños, ni encarcelado por el matrimonio;[13] todo eso se lo dejó a aquellos que querían ser desdichados.

Puede que alguien contraargumente al cínico afirmando que, si todos decidimos no traer hijos a este mundo, la especie humana desaparecería del planeta. La respuesta cínica a este intento de refutación de su doctrina contra la familia no tiene desperdicio:

> ¡Pero la vida quedará desierta de hombres! Porque, dirás, ¿de dónde vendrá la sucesión? [...] Si la especie humana desapareciera, ¿acaso merecería lamentarse tanto como si desapareciera la generación de las moscas o de las avispas? Pues aquellas palabras son propias de los que no han examinado la naturaleza de los seres vivos.[14]

Solo hubo dos cínicos que se casaron, Hiparquia y Crates, aunque, como vimos, su matrimonio fue tan poco convencional que se tuvo que crear un término para referirse a él: *canigamia*. El escritor romano Apuleyo nos cuenta cómo fue esta peculiar boda:

> Y hasta tal punto estaba enamorada de él la noble virgen que lo eligió por su propia voluntad, después de haber rechazado a pretendientes más jóvenes y ricos. Y aunque Crates le hubiera descubierto su espalda, que tenía una notable joroba, puesto el zurrón con el báculo y el manto en el suelo y le confesara a la chica que ese era su mobiliario y su figura la que veía: que lo pensara, por lo tanto, detenidamente, para que no tuviera luego motivos de queja, Hiparquia aceptó sin dudar la

proposición. Y le respondió que hacía ya tiempo que lo había suficientemente previsto y suficientemente meditado y que en ningún linaje podría hallar un marido ni más rico ni más bello y que la llevara, por lo tanto, a donde él quisiera. El cínico la llevó al pórtico.[15] Y allí mismo, en un lugar concurrido, públicamente, bajo una luz clarísima, se acostó con ella y públicamente hubiera desflorado a la virgen, que estaba dispuesta con igual firmeza.[16]

Hiparquia y Crates no construyeron ningún hogar porque lo llevaban siempre consigo: dormían al aire libre, abrazados el uno junto al otro, allá donde los alcanzaba la noche o el cansancio. Su patria no era una torre o una casa, sino que todos los pueblos de la Tierra les servían como mansión y todos los suelos, de triclinio. Escasos de lo que muchos consideran necesario, sobrados de amor y libertad.

El sistema educativo

Los cínicos desarrollaron una feroz crítica al modelo educativo griego. Su actitud fue la de cuestionamiento y rechazo a la educación oficial y tradicional, por ser un adiestramiento para doblegar al individuo y someterlo a los intereses del sistema.

En Grecia, la educación estaba en manos del Estado y tenía como objetivo la producción estandarizada de ciudadanos que fortaleciesen y perpetuasen el sistema. El niño era segregado en función de su género y su condición social para ser educado en el respeto a las leyes de la comunidad y en el deber para con los padres, la patria y los dioses. Se castigaba duramente la indisciplina y cuestionar a la autoridad; en cambio, se premiaban la obediencia y la sumisión. En este tipo de educación no hay lugar para las individualidades, el sujeto debe dejarse cincelar por unas instituciones que cercenan la parte del sujeto que no encaja dentro del modelo.

Si el mármol recibe los insistentes golpes de la maza y las hendiduras del cincel, en este género de educación, el niño recibe toda una suerte de castigos y humillaciones hasta que el funcionario del Estado consigue quebrantar su alma.

Durante el helenismo se desarrolló un plan educativo cíclico, muy similar al nuestro actual, que separaba a los niños por edades para ir distribuyendo los contenidos en sucesivas etapas. Los intereses y habilidades personales del alumno eran ignorados, todos recibían exactamente el mismo «menú de contenidos» cocinado en la misma y única olla metodológica. Este menú era sacrosanto, y si cualquier niño manifestaba alguna intolerancia, alergia o predilección, debía ser él quien tenía que amoldarse.

Cuando un bebé griego lloraba por primera vez, entraba a formar parte de una estructura en la que estaba predeterminado y en la que emplearía cada minuto de su formación: el qué, el dónde, el cuándo, el cómo y el con quién debería leer. El sistema no mostraba interés por las singularidades, premiaba a aquellos que se dejaban domar y castigaba duramente cualquier intento de resistencia. Esta educación no estaba diseñada para desplegar las capacidades y la creatividad del sujeto, sino para destruir su libertad y su individualidad, transformándolo en un sujetado. Como canta Pink Floyd en «The Wall», el final de este tipo de procesos educativos transforma al individuo en «un ladrillo más del muro», en una pieza más de un sistema represor. Ya en el siglo v, Estobeo realizó la misma crítica a un sistema educativo igual de tiránico que el cuestionado por la banda de rock británica:

> La crianza del niño es penosa. Tiene hambre el bebé, el ama de cría lo duerme. Tiene sed, lo lava. Quiere dormir, le hace ruido con el sonajero. Y si ha logrado sobrevivir a la nodriza, de nuevo se adueñan de él, a su vez, el preceptor, el entrenador de gimnasia, el profesor de lengua, el de música y el de pintura. Progresa en edad, le vienen el profesor de aritmética, el de geometría y el de equitación. Es azotado por todos

ellos, se despierta con el alba y no le es posible disfrutar de ningún ocio. Se ha convertido en efebo, vuelta a tener miedo, ahora del monitor, del entrenador de gimnasia, del instructor militar y del gimnasiarco. Por todos ellos es azotado, acechado, torcido el cuello. Sale de los efebos y ya tiene veinte años, aún siente miedo y es acechado por el gimnasiarco y el general. Que es preciso que haya centinelas, ellos son los centinelas; que estar de guardia y velar, ellos son los guardianes; y que embarcarse en los navíos, ellos son los que se embarcan. Se ha convertido en un hombre y está en la plenitud de la edad, va a campañas militares y a embajadas en beneficio de la ciudad, tiene funciones políticas, es general, corego y presidente de las competiciones. Entonces tiene por feliz la vida que vivió de niño. Sobrepasa la plenitud de la edad y llega a la vejez, de nuevo sufre la misma crianza que de niño y añora la juventud.[17]

En la Antigüedad, el niño era educado en sus primeros años por una nodriza que le transmitía las virtudes, las costumbres, las tradiciones, las creencias religiosas, la mitología y las leyendas de la comunidad en la que debía integrarse y asumir una identidad. Era en el calor del hogar donde el crío comenzaba un proceso de socialización con el que se le inoculaba la ideología dominante. A los siete años empezaba lo que hoy llamaríamos una «educación primaria». Durante este ciclo, el estudiante era obligado a alcanzar unos cánones culturales de belleza física mediante el ejercicio de la gimnasia. Se le enseñaban las primeras letras para que pudiese acceder a unos textos seleccionados y censurados, de contenido moralizante, que debía memorizar. La literatura, lejos de desarrollar la imaginación del muchacho (las niñas eran excluidas de la educación para más adelante poder ser relegadas igualmente de la vida pública), se usaba para presentarle ejemplos de «hombres santos» que tendría que imitar. Completaban el plan de formación primaria unos rudimentos de cálculo y música, para dar paso, a los dieciséis años, a una «educación secundaria» que dotaba al adolescente de las competencias necesarias para convertirse en un adulto útil a la sociedad. A lo largo de este proceso, al estudiante se le enseñaba qué debía pensar, qué debía decir y, sobre todo, cómo debía vivir.

Los cínicos rechazaron la educación oficial, cíclica o de cursos sucesivos, por no ofrecer a los jóvenes el armazón adecuado para afrontar los embates de la existencia, sino tan solo un conjunto de conocimientos deslavazados, desordenados y desconectados, adquiridos tras una larga etapa de confinamiento. La filosofía cínica pretendía dotar al hombre (y a la mujer) del equipamiento necesario con el que enfrentarse a las dificultades de la vida y de un bastón con el que apoyarse ante los vaivenes de la fortuna.

Diógenes refutó el sistema educativo griego a bastonazos: al ver a un muchacho indisciplinado, agarró el cayado y golpeó a su maestro.[18] Para el filósofo cínico, el fracaso no es del alumno, sino del modelo educativo. A quien se debe castigar no es al estudiante, sino a los que hacen de la educación una experiencia alienante y represora. Se debe curar con la medicina del bastón a todos los que pervierten la noble tarea de educar, aquellos que son incapaces de enseñar nada valioso porque nada han aprendido, aquellos que pagan sus frustraciones con los más débiles y aquellos que son cómplices de un sistema injusto e inhumano.

En las escuelas se aprenden malos hábitos y se practica la simple memorización de lo que ya está en los libros, mientras la vida y la virtud siempre quedan al otro lado de las paredes del aula; por esta razón, Antístenes solía aconsejar que no aprendieran los que ya se habían vuelto prudentes, para evitar que los malos maestros los torciesen y los estropeasen;[19] y en otra ocasión, cuando uno le preguntó qué era lo que debía enseñarle a su hijo, Antístenes respondió con sarcasmo: «A ser filósofo si va a vivir en comunidad con los dioses; si con los hombres, a ser orador».[20] La educación oficial enseñaba cómo lograr el éxito siendo dóciles y útiles al sistema; la cínica, cómo ser virtuoso cuestionando las opiniones recibidas por la tradición y ejercitando la libertad de pensamiento, de palabra y de acción.

Los cínicos consideraban que el primer paso para llegar a adquirir la auténtica sabiduría es desaprender. El perro debe comenzar su instrucción vaciando su mente de datos inútiles porque estos nos hacen pedantes y presuntuosos, y en lugar de acrecentar nuestro espíritu, lo hincha de aire como el pecho de un pavo real.

La enseñanza puramente teórica es rechazada por ociosa y superflua. El maestro cínico no tenía escrúpulo en despreciar los contenidos inútiles para la vida y los métodos de enseñanza teóricos y prolongados; su modelo educativo se inspiraba en el atletismo y usaba la *áskesis* (ejercicio, preparación para una prueba) como metodología de aprendizaje. El discípulo cínico, como el atleta, no se entrenaba con discursos teóricos, sino a través de una actividad práctica rutinaria que lo fortalecía y lo capacitaba para superar cualquier prueba. Los cínicos fueron atletas de la libertad que se adiestraban absteniéndose de lo innecesario, endureciendo sus cuerpos, gobernando su deseo y sus pasiones y demostrando una absoluta indiferencia ante la opinión de los demás.

El objetivo del adiestramiento cínico es construir una sociedad de ciudadanos justos, libres, creativos e independientes. Nadie nace con las capacidades para ser ciudadano; eso se aprende. Nadie delibera, discierne y juzga de forma espontánea, sino después de un correcto aprendizaje. Los cínicos despreciaron la educación tradicional, pero no la educación en sí. Antístenes consideraba una buena educación como el bien más preciado que un hombre puede poseer, afirmaba que esta era la corona más hermosa que podemos lucir y exhortaba a sus discípulos a que ejercitaran sus cuerpos en el gimnasio y sus almas con la instrucción cínica. Una buena educación es «la cordura de los jóvenes, el consuelo de los ancianos, la riqueza de los pobres y el ornato de los ricos»;[21] solo ella tiene el poder de entronizarnos reyes de nosotros mismos.

Diógenes diferenciaba dos tipos de educación:[22] una divina y otra humana. La primera es elevada, sólida y fácil de adquirir, mientras que la segunda es pequeña, frágil y encierra muchos peligros y no poco engaño. La humana es aquella que los griegos conocían como *paideia* (proceso educativo, pero solo el que se hallaba bajo el control del Estado) y que con un malintencionado juego de palabras Diógenes llamaba *paidiá* (juego infantil). Los hombres creen que el sabio es aquel que domina muchas lenguas y que ha leído el mayor número de libros, aunque este sea malvado, cobarde y codicioso. Su instrucción no requiere comprender, solo recordar, no tiene ningún efecto sobre el alma del hombre y no tiene ninguna utilidad para no extraviarse en la vida. En cambio, para los cínicos, el auténtico sabio es aquel que, como Heracles, ha demostrado una grandeza de espíritu y que conoce cuál es el camino que debe tomar. El que posee la educación divina puede fácilmente adquirir la humana, pero no sucede lo mismo a la inversa. La educación cínica convierte al iniciado en el vigilante del interior de su alma y las virtudes que este adquiere jamás le serán arrebatadas por ningún hombre, permanecerán siempre en él y serán indestructibles. Los preceptos cínicos se integran en el ser humano como una parte constituyente de su ser y de su identidad, y no como un añadido. Los conocimientos adquiridos en la *paidiá* se pueden olvidar, pero los principios cínicos nunca se pierden porque transforman el alma del hombre y se funden en ella.

La filosofía cínica no solo cuestionó la enseñanza oficial, también se enfrentó al modelo de filosofía practicado en la Academia platónica. Los cínicos enseñaban filosofía fuera de los inflexibles y teóricos marcos de las aulas de la Academia, en las calles abarrotadas de transeúntes, en mitad del bullicio del mercado o allí donde los problemas cotidianos y urgentes de la vida se nos desvelan con urgencia y con claridad. El enfrentamiento entre la Academia platónica y la escuela de Antístenes no fue simplemente el de dos filosofías antagónicas, sino el de dos modos de vida, o si se prefiere, dos respuestas muy diferentes a la pregunta socrática sobre cómo se debe vivir.

El cínico incorporó la práctica de la filosofía a su existencia cotidiana. No filosofaba en un tiempo concreto y en un lugar excepcional; no necesitaba de un retiro idílico alejado de la cotidianidad, porque en cualquier momento del día y en cualquier emplazamiento se puede «vivir filosóficamente». Un cínico sabe cómo ser filósofo entre los ruidos de la urbe y el ajetreo de nuestras vidas.

El maestro cínico no precisaba de un lugar específico y separado en el que enseñar, digno de veneración y respeto; filosofaba en el ágora, en los templos y santuarios, en las plazas atestadas de gente, en los cruces de caminos, en la entrada de los teatros o de los estadios, en los puertos, en los talleres de los artesanos, en las casas de las prostitutas, en las tabernas, en los mercados de esclavos, en los olivares cercanos a la urbe, en mitad de una asamblea de ciudadanos o de un oficio religioso.

En la escuela cínica no había aula magna, ni sala de conferencias, ni púlpito, ni estrado, ni tribuna, ni cátedra; no existían ni grados ni jerarquías, no se certificaban títulos académicos, no se impartían clases magistrales y no se seguía el programa oficial. El cinismo se dirigió al gran público, no a las élites culturales. A diferencia de la Academia, los cínicos abrieron sus puertas a todos sin importar cuál era su condición social o su formación previa, porque no es necesario demostrar conocimientos en geometría si lo que se desea es emprender el camino que conduce hacia la virtud.

Los filósofos perrunos aborrecían la filosofía especulativa presente en las escuelas de Platón y Aristóteles. El escarnio al que Diógenes sometía a este tipo de filosofía era tremendo y temido: cierto día en que Platón había invitado a su Academia a un grupo de amigos de un tirano, entró ensuciando sus tapices y afirmando: «Piso la vacua sabiduría de Platón».[23] No todo conocimiento es valioso, solo aquel que conduce a la virtud. Diógenes decía que se deben utilizar los libros muy beneficiosos y tirar los restantes, tal como hacemos, por cierto, con los huesos. Tomamos su médula y los arrojamos a los perros.[24]

Los cínicos no hacían distinción alguna entre sabiduría y prudencia.[25] Si es cierto, como afirmaba Aristóteles, que «todos los hombres tienen por naturaleza el deseo de saber», también lo es que el conocimiento que no sirve para vivir no sirve para nada. Si una filosofía no es útil para manejarse en la existencia o no ayuda a ser mejor persona, carece de todo valor. Los cínicos aborrecían a los hombres sabios en palabras pero débiles en la acción, grandes acumuladores de datos pero imprudentes, eruditos en lo superfluo pero estúpidos en lo útil. Diógenes, por ejemplo, se burlaba de los «sabios» que conocían las desgracias de Odiseo e ignoraban las suyas propias, de los músicos que dominaban un instrumento pero no sus impulsos, de los matemáticos que controlaban los movimientos de los cielos pero eran incapaces de moverse en la vida, y de los oradores que disertaban sobre una justicia que nunca practicaban.[26]

¿De qué sirve amueblar la cabeza de ciencia y no dejar hueco alguno para el buen juicio? ¿Es virtuoso el hombre sabio que no es un buen hombre? ¿Qué utilidad tiene un conocimiento que no nos vuelve ni mejores ni más sensatos? ¿No conviene aprender mejor que aprender más? Un cínico nunca asistiría a una academia que llena la memoria pero deja vacíos el entendimiento, la conciencia y el corazón.

¿Quién necesita saber lo que Platón o Aristóteles dijeron sobre un asunto si no es capaz de juzgarlo él mismo? De otro modo, corremos el peligro de terminar como aquel romano rico que gastó una fortuna en rodearse de hombres competentes en diferentes ciencias para que se pusiesen en su lugar cuando dialogaba con sus amigos. Ese pobre hombre terminó creyendo que el saber era suyo porque estaba en las cabezas de sus criados.[27] De nada sirve llenarnos de las opiniones y de la ciencia de otros, si antes no las hacemos nuestras. La sabiduría que persiguieron los cínicos no fue la de hablar sobre un determinado tema, sino la de cómo llevar el timón[28] de la existencia.

La política anarquista y libertaria del perro

En su trato con la autoridad, el cínico fue un anarquista anterior al propio anarquismo. Asumió una actitud hostil contra cualquier forma de poder. Fue el azote de sátrapas, reyes, tiranos, emperadores, césares, generales y sumos sacerdotes, a quienes fustigó con su afilada lengua. Diógenes, por ejemplo, se atrevió a cuestionar la autoridad del rey Filipo, el padre de Alejandro, en su propia cara. Tras la batalla de Queronea, en la que el rey macedónico derrotó definitivamente a los atenienses, convirtiéndose con ello en el dueño y señor de toda Grecia, Diógenes se introdujo en su campamento paseando tranquilamente ante el asombro de los soldados, que al verlo se sobresaltaron, lo apresaron y lo condujeron ante el rey, quien le preguntó:

> —¿Eres un espía?
> —Sí —respondió el filósofo cínico—, ¡de tu ambición insaciable, tu falta de reflexión y de tu necedad![29]

La autonomía de un cínico no acepta la injerencia de ninguna institución, por muy democrática, justa o divina que sea su supuesta potestad. El sabio solo reconoce a la naturaleza como autoridad legítima y solo escucha la voz de la razón. Un cínico es un librepensador que forja sus normas y sus opiniones reflexionando y juzgando por él mismo, inmune a las presiones de la tradición, la autoridad, la ideología del grupo de pertenencia, la revelación, el dogma, el relato hegemónico o la propaganda. Un cínico solo admite el poder de las certezas y del análisis imparcial de los hechos.

Pero entonces, ¿cómo regula el cínico la convivencia? Su propuesta no es la ausencia absoluta de normas, sino el pacto libre entre individuos plenamente autónomos, susceptible de ser revisado en cualquier momento, enmendado o conculcado.

Un cínico era lo que hoy llamaríamos un libertario, término creado por las editoriales francesas como eufemismo para escapar de la prohibición legal de publicar textos anarquistas en el siglo XIX. Los cínicos abogaron por la construcción de relaciones, comunidades e instituciones antiautoritarias capaces de salvaguardar la libertad del individuo, esa energía que, como afirmaba Bakunin, nunca ha dejado de electrizar los corazones de los hombres.

Ningún cínico apostó por el caos, el desorden o la desorganización, sino que, como todos los libertarios de la historia, lo que pretendieron fue

> cambiar el modo de vivir en sociedad, de establecer entre los hombres relaciones de amor y solidaridad, de conseguir la plenitud del desarrollo material, moral e intelectual, no para un solo individuo, ni para los miembros de una dada clase o partido, sino para todos los seres humanos, y esto no es una cosa que pueda imponerse con la fuerza, sino que debe surgir de la consciencia iluminada de cada uno y actuarse mediante el libre consentimiento de todos.[30]

La sociedad a la que se referían los cínicos no era ninguna comunidad política concreta, sino la totalidad del género humano. El cínico fue un apátrida en una cultura etnocéntrica, xenófoba y chovinista; un ciudadano de ninguna parte que vive —donde sea— en un exilio permanente. Diógenes decía que él era un sin ciudad, un sin hogar, un carente de patria, un mendigo y un vagabundo. El compromiso político del cínico es con la humanidad, no con las contingencias históricas de un determinado pueblo.[31] Se negaron a formar parte de una nación porque toda nacionalidad divide, separa y enfrenta artificialmente a la especie humana. Toda nación es un fenómeno histórico que tiene no solo su inicio, sino también su final, y por eso los cínicos, coherentes con su principio de vivir conforme a la naturaleza, vivieron en la ciudad pero sin nación, como desterrados apátridas.

Para los griegos nada era más deshonroso y humillante que ser un desterrado. Fue Clístenes, en el 508 a. C., quien ideó el sistema del ostracismo, según narra Aristóteles en su *Constitución de los atenienses*, para desterrar de la ciudad a aquellas personas que hubiesen demostrado una conducta merecedora de este ignominioso castigo. La asamblea se reunía en el barrio ateniense del Cerámico, donde se concentraban los talleres de alfarería, para escribir sobre un trozo de terracota con forma de concha el nombre del ciudadano que sería excomulgado. Los cínicos consideraban la expulsión de la comunidad política como una bendición más que como una temible pena. Cuando a Diógenes le recordaban su condición de desterrado de Sinope con intención de humillarle, respondía: «Tampoco estuvo tan mal, porque tras el destierro comencé a filosofar»;[32] por este motivo, una de las primeras cosas que recomendó a uno que quería iniciarse en la filosofía fue:

> Dirígete a lo que es realmente noble y aprende a resistir no los golpes de los hombrecillos, sino los del alma, y no las correas y los puñetazos, sino la pobreza, la ausencia de fama, la humildad de cuna y el destierro, porque, si te ejercitas en menospreciar a estos, vivirás felizmente y morirás sin sufrimiento.[33]

Plutarco cuenta que cuando los atenienses desterraron al filósofo Demetrio de Falero, este marchó a Tebas.[34] Demetrio se sentía hundido y humillado; añoraba la reputación y la patria perdidas. El exiliado rehuía a Crates porque temía la franqueza cínica y sus ásperas palabras, pero Crates le salió al encuentro y dialogó amablemente con él sobre el destierro, diciéndole que lo que le había ocurrido no era en absoluto un mal sino todo lo contrario, un bien, ya que se había librado de asuntos políticos que eran inciertos e inestables.

La patria de un cínico es la misma que la de Anaxágoras. A este filósofo originario de Clazómenas, pero que residió en Atenas, amigo y maestro de Pericles, retirado de la vida pública y dedicado al estudio, alguien le preguntó un día: «¿Es que no te interesa nada tu patria?». A lo que respondió el filósofo: «Habla con cuidado; a mí me interesa muchísimo mi patria», a la vez que señalaba el cielo. La *polis* del filósofo es el cosmos, por eso cuando Alejandro Magno le ofreció a Crates reconstruir la ciudad de Tebas que el emperador había destruido, el filósofo cínico le respondió que no necesitaba ninguna patria que otro Alejandro pudiese destruir.[35]

Los cínicos fueron cosmopolitas. No se conformaron con tener como patria un trozo de tierra, sino que agrandaron las fronteras históricas hasta eliminarlas y hacer del universo su hogar. Cuando le preguntaban a Diógenes de dónde era, respondía «ciudadano del mundo».[36] El pensamiento cínico invita a no segregarnos en nacionalidades y a hacer del género humano nuestra única comunidad de referencia. La verdadera política no debería velar por el bien de una clase social, de un territorio o de una nación particular, sino por el de toda la humanidad.

Los nacionalismos patrioteros son una exacerbación de las emociones que anulan toda posibilidad de diálogo y de convivencia. La adhesión máxima a una comunidad política concreta es la puerta hacia la tiranía o el imperio. Todo nacionalismo es una inflamación en el sistema límbico que conduce a un grupo de individuos a la locura de creer que en un territorio determinado del planeta se debe vivir de una determinada manera, y el cosmopolitismo cínico es el único tratamiento que puede curar esta enfermedad mental.

Los griegos daban por sentado que su modo de vida era sin duda el mejor para el ser humano. Fueron ellos los que acuñaron el concepto de *bárbaro* (*βάρβαρος*; literalmente, «el que balbucea») para referirse a todos aquellos pueblos que no hablaban griego y cuyas lenguas debían de sonar a los patrioteros oídos de los helenos como una especie de balbuceo. Llamar a alguien bárbaro era decirle que no había nacido en el pueblo, en la tradición y en la cultura correctos. El bárbaro era el otro, el que ha errado eligiendo los dioses, la moral y las costumbres. La vida natural del cínico deconstruye conceptos como los de *bárbaro, inmigrante* o *extranjero*: las diferencias culturales quedan diluidas en una única humanidad y lo universal sustituye a lo local.

Cuando a Crates le preguntaron por su ciudad de procedencia, respondió que era ciudadano de Diógenes;[37] con ello quería decir que el mejor modo de vida para el ser humano no es ni el democrático del ateniense, ni el militar del espartano, ni el aristocrático del tebano, sino el del cínico, porque este es el único que respeta y potencia nuestra naturaleza cosmopolita. Una de las definiciones más bellas de *cosmopolitismo* se encuentra en estas palabras de Crates:

> *No es mi patria una sola torre, ni un tejado,*
> *más toda la tierra me sirve de ciudadela y de morada*
> *dispuesta a cobijarme.*[38]

Crates sana la locura nacionalista integrándose en la totalidad que representa la naturaleza y sintiéndose en comunión con todo lo que procede de ella. La política cínica no trata de eliminar las emociones, sino de sustituirlas: se deben abandonar los sentimientos disgregadores por aquellos que generan comunión y reemplazar el nacionalismo por la filantropía.

El cínico sueña con una sociedad mejor, más universal y justa. Crates diseñó una comunidad humana ideal que se encuentra en las antípodas de la imaginada por Platón.[39] *La República* presenta un régimen político fuertemente autoritario en el que el poder absoluto se encuentra en manos de los más sabios, una élite de gobernantes que deciden por todos qué es lo que conviene tanto a la comunidad como al individuo y que segrega a los hombres en diferentes clases sociales en función de las capacidades que le son útiles al Estado. En la sociedad platónica, como en toda forma de autoritarismo, la libertad ha sido desterrada bajo la promesa de una utopía que nunca llega pero en la que se debe creer. No obstante, este gobierno de los más sabios incurre en una contradicción que destapó con brillantez Bertrand Russell: para alcanzar ese gobierno, ¿no se necesitaría tener, previamente, a unos sabios que determinasen cuál es la sabiduría que ha de poseer el gobernante? ¿Quién ha de ser el sabio que escoja a los sabios? Parece que lo que Platón entiende por sabio se reduce al individuo que está de acuerdo con él.

Si no le agrada vivir en la república platónica, siempre puede abandonarla por la *isla Zurrón* de Crates.[40] En ella no hay imbéciles, ni parásitos, ni glotones, ni culos prostituidos. Es una tierra austera, anárquica y feliz, que produce alimentos sencillos como tomillo, ajos, higos o chuscos de pan; bienes que no invitan a sus habitantes a declararse la guerra ni a buscar honores, y donde no son necesarios ni armas ni dinero. En esta comunidad viven todos aquellos que no se han dejado someter a la voluntad de otro hombre, que se han liberado del hechizo del oro, que han aplacado la sed de riquezas y honores, que no necesitan ejercer la violencia porque nada envidian, desean o echan en falta, y, sobre todo, aquellos que han elegido a la libertad como su única diosa y soberana.

La república de los perros

Al igual que Platón, Diógenes también escribió una *República*,[41] aunque la del cínico se «perdió» (o, más bien, «la perdieron»). Puede que la razón de la pérdida sea que la obra de Diógenes era una iconoclasta sátira de la platónica, o puede que fuese porque en ella se defendían abiertamente los principios políticos libertarios y la vida salvaje. Lo cierto es que los copistas decidieron no hacer su trabajo y, en lugar de transmitir, destruyeron. Afortunadamente conocemos su contenido porque Filodemo,[42] un filósofo epicúreo, hizo un resumen de las propuestas políticas diogénicas, aunque no para ensalzarlas sino para criticarlas por vergonzantes e impuras.

El programa político de Diógenes es una utopía, y como toda utopía, está en el horizonte. Como afirmó el director de cine Fernando Birri, caminar dos pasos hace que la utopía se aleje dos pasos y el horizonte se corra diez pasos más allá. Entonces ¿para qué sirven las utopías? Para eso, para caminar. Las utopías no se alcanzan. Pareciera que cuanto más empeño ponemos en la búsqueda, menos posibilidades tenemos de encontrarla, porque ella se aleja a medida que nos acercamos. Pero bien sabe el cínico que la utopía es necesaria porque ella nos ayuda, como el horizonte, a orientar la vida y a tomar decisiones.

El cínico denunció que el hombre civilizado había renunciado a su derecho a soñar y que había desarrollado una incompetencia para proyectarse. Concebir el futuro es una tarea imprescindible para avanzar en la vida y construirse una existencia. En su compromiso filantrópico, el cínico asumió la tarea de hacer conscientes a sus congéneres de la incapacidad para identificar los horizontes que deben guiar el desarrollo de la vida personal y de la vida colectiva. La razón no debe usarse exclusivamente para crear y desarrollar medios con objeto de alcanzar los fines dictados previamente por el sistema, sino que también (y sobre todo) ha de utilizarse para determinar los fines de la vida humana en tanto que vida humana. La historia de la libertad ha sido la historia de la lucha de personas que, persiguiendo sueños, nos legaron derechos. ¿Qué habría ocurrido si esos hombres y mujeres hubiesen renunciado a soñar?

Diógenes no tuvo miedo a soñar y plasmó su sueño en *La*

República, una ciudad de perros en la que no tenían cabida ninguna de las leyes creadas por el hombre civilizado y donde todas las formas de gobierno eran rechazadas. La constitución que arbitraría la convivencia en esta ciudad diseñada por Diógenes debía ser la misma que rige el universo: la ley de la naturaleza, no la de los hombres. Como moneda de curso legal, el cínico propuso las tabas, los huesos que los griegos usaban para jugar a modo de dados, y lo hizo para demostrar que la economía no es más que un juego de azar y que el valor real del dinero solo es el que nosotros queramos otorgarle. Diógenes decretó además que las tabas tuviesen otro peculiar uso: debían servir para legislar. Para el cínico, si la alternativa es que gobierne la voluntad de una mayoría manipulada por intereses partidistas, casi mejor que sea la suerte la que nos legisle.

La república de los perros imaginada por Diógenes era una sociedad de individuos libres y autosuficientes, que necesitan de pocas o ninguna ley, porque su estilo natural de vida les facilita una convivencia pacífica y en concordia. Diógenes apostó por abolir la propiedad privada en su ciudad ideal por ser fruto de desigualdades y conflictos. El filósofo cínico consideraba que al no existir la propiedad, las armas se volverían inútiles porque ya nada habría que atesorar y defender. ¿Qué hay más antinatural que la propiedad? ¿Se puede vender lo que no es de nadie? ¿Se puede comprar lo que es de todos? ¿Puede tener dueño la lluvia, el calor del sol o un pedazo de tierra? Entre los perros, todo será de todos.

La República de Diógenes recoge que los ciudadanos de la ciudad de los perros deben vivir de acuerdo con los principios del cinismo. Los ciudadanos de esta comunidad dedicarán su tiempo a ejercitar el cuerpo y el alma en búsqueda de la virtud, vestirán el doble manto y romperán todos los tabúes de las sociedades que dejaron atrás. En la ciudad de los perros cualquier palabra puede ser dicha porque el sonido que sale de la boca de un hombre nunca es sucio, grosero o pecaminoso, sino tan solo *flatus vocis,* emisiones de voz vacías de contenido moral. Los perros de Diógenes serán francos y podrán hablar de todo, disfrutarán de una plena libertad de pensamiento y de palabra, no reprimirán ni sublimarán, sino que podrán satisfacer las necesidades naturales en el momento y en el lugar en que estas aparezcan. Cualquier acto podrá ser realizado en público. Los ciudadanos de la república diogénica no necesitarán esconderse para comer, para evacuar o para disfrutar de la sexualidad, porque todo lo que tenga que hacerse podrá llevarse a cabo ante los inocentes ojos de los demás.

En su *República*, Diógenes defiende una radical igualdad de géneros y decreta: «Que las mujeres vistan el mismo vestido que los hombres y se dediquen a las mismas actividades y que no sean diferentes en nada, sin ninguna excepción».[43] Hombre y mujer disfrutarán de una libertad sexual absoluta para gozar de sus cuerpos como les apetezca; el único límite para toda práctica es la imaginación. Las mujeres podrán hacer uso de la prostitución masculina o femenina, en caso de necesidad o de urgencia, de igual manera que los hombres. Los gimnasios y los estadios, que estaban reservados en el mundo griego a los varones, quedarán abiertos en la ciudad diogénica también a las mujeres, y en ellos todos se ejercitarán en una natural e igualitaria desnudez.

Por último, Diógenes establece que en su ciudad libertaria ninguna institución regule las relaciones libres entre los ciudadanos, y por ello deroga todas las prohibiciones: se puede abandonar al marido, copular fuera del matrimonio o practicar la eutanasia cuando la vejez y la enfermedad le quiten a la vida todo su valor.

La religión del perro

El cínico no tiene religión: ningún hombre, objeto o espacio son sagrados. Todas las creencias religiosas comparten una característica común, la clasificación del mundo en dos categorías antagónicas: profano y sagrado.[44] Si lo profano es el mundo de la vida cotidiana, lo sagrado supone la interrupción de esa cotidianidad. La religión no es solo un sistema de signos con el que un pueblo expresa sus creencias, sino que es, sobre todo, la segregación de determinados espacios, tiempos o personas. Los ritos religiosos son «reglas de conducta que prescriben cómo el hombre debe comportarse con las cosas sagradas».[45]

Los cínicos profanan lo que los hombres han consagrado para devolverlo al mundo de la vida cotidiana y recordar que nada puede haber fuera de la naturaleza. Diógenes, por ejemplo, entró en un templo, cogió una imagen de Heracles y la tiró al fuego con el que estaba cocinando sus lentejas. Donde unos ven un objeto divino con poderes sobrenaturales, el cínico solo ve un trozo labrado de madera. Diógenes, al sacar la imagen sagrada del santuario, la devuelve al mundo de lo ordinario, lo laico y lo material. Con su gesto, el filósofo borra el halo mágico que el hombre convencional ha dibujado sobre la madera y se comporta atendiendo a las necesidades naturales, no a las creencias humanas.

Era una costumbre entre los cínicos robar las ofrendas dejadas a los dioses en los templos o en los cruces de caminos, para que no hubiera ninguna duda de que es preciso atender antes al hambre natural que a la superstición sobrenatural. El cínico, como los animales, no se sometió a ningún poder trascendente a la naturaleza y no necesitó de ningún cielo para construirse una vida plena, por eso Taciano el Sirio, un cristiano del siglo II, le recriminaba esta actitud escéptica: «¡Pero tú, hombre, que envidias al perro, no conoces a Dios y te has pasado a la imitación de los animales!».[46]

Algunos cínicos no solo se situaron fuera del templo, sino de espaldas a él, y defendieron que toda religión es un instrumento que anula nuestra capacidad de pensar, limita nuestra libertad y destruye nuestra singularidad. ¡Quién necesita pensar cuando solo tiene que creer! ¡Quién necesita esforzarse en gobernar la vida cuando solo tiene que dejarse pastorear!

Enomao de Gádara fue uno de los cínicos que mostraron una actitud más hostil contra la religión al escribir *Contra los oráculos* y *Los charlatanes desenmascarados*, un tratado en el que atacaba, por un lado, las creencias religiosas de la muchedumbre, por ser tan solo superstición, y, por otro, a los sacerdotes, que lejos de ser mediadores de la divinidad, a lo que se dedican realmente es a engañar con su palabrería a la gente ignorante para sacarles su dinero.

Antístenes se atrevió a postular que los dioses nacieron de la pueril imaginación de los primeros hombres, que, incapaces de entender el mundo que habitaban, divinizaron las fuerzas de la naturaleza y las pasiones que gobernaban sus almas. El desconocimiento de las causas naturales que originan el rayo creó a Zeus y la incapacidad para entender y gobernar la violencia dio nacimiento a Ares. En cuestiones teológicas, Antístenes compartía las ideas de Jenófanes de Colofón, viajero y cosmopolita, conocedor de múltiples culturas y credos hacia los que desarrolló una actitud racional y crítica, para concluir que es el hombre quien crea a Dios a su imagen y semejanza. Su experiencia como trotamundos le llevó a sostener que si los caballos tuviesen dioses, estos tendrían la forma de un caballo.

Si Antístenes contemplase *La creación* que Miguel Ángel pintó sobre la bóveda de la Capilla Sixtina, habría interpretado que es Dios el ser que nace de las temblorosas manos de Adán. En 1990, el médico estadounidense Frank Lynn se percató de que las figuras que envuelven la imagen de Dios formaban una representación exacta del cerebro humano que incluía con precisión el lóbulo frontal, el quiasma óptico, el tronco del encéfalo, la hipófisis y el cerebelo. Quizá Miguel Ángel no solo compartía la misma visión cínica de la divinidad, sino que además entendió, como Antístenes, que lo más prudente en tiempos de fundamentalismo religioso es guardar todas estas cosas, y meditarlas en el corazón, como le enseñaron a Crates cuando se iniciaba en la filosofía. Cuando el filósofo tebano era tan solo un joven aprendiz, le preguntó en público a su maestro si creía, como los demás, que a los dioses les gustaba que les rezásemos y adorásemos. El maestro le respondió: «No me preguntes de esto en la calle, imbécil, sino cuando estemos solos».[47]

Antístenes creía en la existencia de un dios, pero no en el de la religión. El Dios de Antístenes es un ser independiente y superior a todas las cosas; no es algo externo a la naturaleza, sino que es el propio universo. Dios no es el Creador del universo, sino la misma naturaleza eterna y creadora, de la que todo nace y a la que todo vuelve. Dios no es un ser inmaterial, sino un cuerpo eterno. Este Dios natural no es algo distinto del mundo. Dios es el todo, y las cosas solo somos las diferentes expresiones de una sustancia única.

Para Antístenes, las religiones son construcciones tan humanas como la moral, la política o la física. La diversidad de prácticas nos habla de las diferentes veredas que los hombres han transitado para llegar al Dios natural, las distintas sendas de interioridad que nos conectan con el Todo. Cada tradición puede ser portadora de una sabiduría sobre el origen y el fin de todas las cosas, pero no todo en ella es sabiduría. Si pintásemos un círculo y trazásemos diferentes líneas hacia su centro, la distancia entre ellas se iría acortando conforme caminamos. De igual manera, dos personas de tradiciones culturales diferentes que se encuentran alejadas del centro, al inicio del itinerario espiritual marcado por su religión vivirán una dogmática, excluyente e insalvable distancia. Lejos del centro todo es sometimiento, superstición y miedo. Y a la inversa, dos personas que han recorrido sus respectivas sendas hacia el Todo, cuando hablan de Dios, sienten que hablan de lo mismo.[48]

Los cínicos fueron unos impíos: no tuvieron piedad con aquellos que se posicionan en la circunferencia, lejos del centro, y que usan el rito religioso como una pedagogía de la sumisión. A través de la liturgia, el individuo aprende a someterse y a entregar su soberanía a hombres e instituciones que se alimentan de su libertad. El cínico rechazó las tradiciones religiosas que esclavizan la razón con las cadenas de la superstición y del miedo, y que subrepticiamente instan al sujeto a ir soltando las riendas de su vida.

Los cínicos trataron a los sacerdotes como ministros de la enajenación, servidores de la culpabilidad y censores de las fuerzas vitales. Allí donde la vida dice «sí», el sacerdote grita «¡no!». El cínico, conmovido por la situación de alienación de sus vecinos, se dedicó a romper las cadenas con la afilada navaja de su ironía. En una oportunidad, cuando Diógenes escuchó atentamente a un sacerdote hablar de las ventajas que les esperaban a los creyentes en el más allá, verdadera vida en la que por fin seremos recompensados, interrumpió el sermón para preguntarle: «¿Por qué entonces no te matas?».[49] Asimismo, Demónax, un cínico del siglo II d. C., se negó a ir al templo a rezar cuando fue inquirido por el poder público. Argumentó que si los dioses existiesen y fuesen tan poderosos, podrían escucharle desde cualquier sitio. Cuando Diógenes se encontraba a gente haciendo abluciones rituales, les decía que creer que el agua bendita tiene el poder de limpiar tus inmoralidades es tan absurdo como pensar que también puede limpiar sus faltas de ortografía.[50] Afirmaba el filósofo que el éxito y la buena fortuna que disfrutan los malvados en esta miserable vida es una evidencia de que los dioses no existen,[51] y que no hay locura mayor que someternos a su voluntad y adorarlos. Cierto día, al ver a una mujer postrada rezando, el perro de Sinope se acercó con la intención de obligarla a pensar y quitarle la superstición. Le dijo: «¿No te da reparo, mujer, que haya algún dios a tu espalda, ya que, según tu religión, ellos están en todos sitios, y le ofrezcas un feo espectáculo?».[52] Y en otra ocasión, al contemplar a los sacerdotes custodios del templo sacar a uno que había robado una vasija ritual, Diógenes comentó: «Los ladrones grandes llevan preso al pequeño».[53]

Los cínicos no le tenían miedo a la muerte porque estaban demasiado ocupados en disfrutar de la vida. Para un cínico, fallecer ha de ser la culminación a una existencia dedicada a honrar la libertad, un acto de agradecimiento a la naturaleza de la que formamos parte y una devolución de aquello que gratuitamente se nos ha donado. Y por todo ello, los cínicos también se burlaron de los ritos funerarios de su cultura. Demónax, por ejemplo, rechazó el entierro y prefirió ser arrojado al mar para que su cuerpo alimentase a los animales marinos, en justa retribución por los innumerables peces que se había zampado y disfrutado a lo largo de su vida.

Sobre la muerte de Diógenes existen muchas versiones. Una de ellas, cargada de simbolismo, asegura que se suicidó cuando ya era muy anciano, así que su muerte fue también un acto de libertad. Diógenes siguió siendo autárquico en todo momento y demostró su soberanía hasta el último aliento de vida. Cuando la enfermedad, la vejez o el dolor nos doblegan, terminar voluntariamente con nuestra vida puede devolvernos la autonomía perdida.

El cinismo invita a reírnos de algo tan serio y solemne como la muerte, y a saber decir adiós. Cuando los años van pasando y comienza a destruirse la persona que fuimos, cuando el deterioro cerebral nos arrebata al mismo tiempo recuerdos y dignidad, cuando el dolor convierte la vida en un infierno, el cínico se despide de la existencia con una sonrisa. Cuando cada día que pasa uno siente que se pierde una parte de su ser, cuando uno no sabe cuál será la parte que desaparecerá mañana, cuando ningún fármaco puede ayudarte a identificar quién es la persona a la que amas, el cínico decide cómo quiere que le recuerden.

Tercera parte

LOS CUATRO PERROS DEL APOCALIPSIS

Con su explosiva manera de vivir la filosofía, los cínicos atacaron los cimientos del enorme edificio de la cultura griega: su metafísica, su religión y su moral. De entre todos los perros que asumieron la tarea de dinamitar los falsos valores que dominaban la sociedad griega, destacan cuatro nombres por su fiereza y su valentía: Antístenes, Diógenes de Sinope, Crates de Tebas e Hiparquia de Maronea. Estos cuatro perros hicieron una filosofía a martillazos, como diría Nietzsche tiempo después, demolieron quimeras y esculpieron sobre ellas una vida auténtica.

13

Antístenes: el perro genuino

> Si de verdad queréis saber que la inteligencia es algo sublime, no invocaré como testigos ni a Platón ni a Aristóteles, sino al sabio Antístenes, que enseñó ese camino.
>
> TEMISTIO, *Sobre la virtud*[1]

A este discípulo de Sócrates se le reconoce el título de ser el primero de todos los perros, el fundador de la escuela cínica. Antístenes fue tratado por los atenienses como «un chucho» sin pedigrí. Aunque había nacido en la ciudad de Atenas en torno al año 450 a. C., nunca se le concedió la ciudadanía por ser un *nóthos*, un mestizo, hijo de padre ateniense pero de madre extranjera, una antigua esclava tracia liberada. Antístenes no era un bien nacido: no solo era un bastardo hijo de inmigrante, sino que además tenía sangre de siervo corriendo por sus venas.

Es simbólico que el fundador del cinismo, una escuela antagónica a la aristocrática Academia, fuese un meteco (del griego *μέτοικος* [métoikos], término compuesto por *μέτα* [meta], «cambio», y *οἶκος* [oíkos], «casa»; literalmente, «aquel que ha cambiado de residencia»). Antístenes poseía residencia legal en Atenas, estaba integrado en su vida cultural y social, tenía deberes tributarios y militares, pero no podía aspirar a ningún derecho político. El primer cínico, lejos de sentirse infravalorado por su clase social, llevó siempre a gala su condición; y así, cuando alguno le insultaba por ser un «hijo de tracia», él respondía recordándole que Cibeles,[2] la madre de todos los dioses griegos, también era oriunda de Tracia.

Antístenes socavó la base en la que se fundamentaba el elitismo de la sociedad ateniense: la *eugeneia* o teoría social del «bien nacido», según la cual solo podían ser ciudadanos los hijos de padre y madre atenienses. Como ya vimos, el pueblo de Atenas, apoyándose en el mito de Ericteo y en la creencia del ancestro común, afirmaba haber nacido directamente de la tierra ateniense y, por tanto, ser los únicos con derecho de propiedad sobre ella. De acuerdo con este antiguo mito, los valores aristocráticos y las virtudes que distinguen al ateniense del resto de los pueblos se transmiten por la sangre. Antístenes refutó la creencia en la pureza del linaje con sus ironías y, quizá por ello, Aristóteles en su *Política* amplió el número de características que distinguen al buen ateniense: además de buen caracol (*eugeneia*), dispone de un buen caudal (*ploutos*), ha estudiado en las instituciones educativas para hijos de hombres de buen caudal (*paideia*) y por ello ha desarrollado las virtudes que ayudan a mantener y perpetuar el *statu quo* (*aretê*). Aristóteles era tan meteco como Antístenes, pero mientras el primero se obsesionó con ser aceptado por la flor y nata de la sociedad ateniense, el segundo adoptó una actitud crítica hacia ella y hacia su elitismo.

Los metecos eran extranjeros libres que, tras encontrar un ciudadano protector que los inscribiese en el censo, y pagar el impuesto correspondiente, podían arrendar una propiedad en la que instalarse y realizar una actividad económica. La mayoría se dedicaron a las finanzas, el comercio o tareas administrativas, y aunque algunos llegaron a forjar grandes fortunas, siempre fueron tachados de advenedizos por los prohombres de Atenas.

Antístenes ganó bastante dinero enseñando oratoria y retórica a los jóvenes de la clase alta junto a uno de los mejores, Gorgias, pero terminó abandonando la sofística por la filosofía el mismo día en que le presentaron a Sócrates. Antístenes debió de experimentar algo parecido a una conversión cuando conoció a Sócrates: abandonó su camino de éxito económico y social como sofista por una vida austera y de perfección moral.

Los discípulos de Sócrates, Platón especialmente, trataron a Antístenes con desdén por ocupar un lugar que no le correspondía a alguien de su clase social, y cuando esto sucedía, el maestro intervenía elogiando la valentía y el arrojo que había demostrado su discípulo mestizo en la cruenta batalla de Tanagra, durante la primera guerra del Peloponeso. Sócrates afirmaba de Antístenes que «no hubiera nacido tan noble de dos atenienses»,[3] pues poco le importaba a aquel el linaje de un ciudadano. La valentía, el honor, la honestidad o la justicia no se adquieren por la sangre, sino con el esfuerzo y el ejercicio.

Antístenes fue uno de los discípulos más queridos por Sócrates; de hecho, acompañó al maestro en sus últimos momentos y dialogó con él sobre la inmortalidad del alma, antes de que «el más bueno y justo de todos los hombres» ingiriese la cicuta que le sanó de una sociedad corrupta y le condujo al Hades para seguir pensando libremente con los héroes y los sabios perecidos. La tranquilidad de ánimo y el humor con los que Sócrates vivió su muerte causaron tal impresión en Antístenes que, desde entonces, emuló su actitud filosófica en todas las circunstancias. Desde ese día, Antístenes encaró cada dificultad como una oportunidad de honrar la memoria de su maestro.

De Sócrates, Antístenes conservó la pasión por la ética, por la construcción de una existencia virtuosa, el amor a la verdad y la justicia, el ansia de libertad, la franqueza tanto en el hablar como en el vivir, la afilada ironía, la mordaz crítica a poderosos y corruptos, la vocación educadora, el buen talante, el rechazo a quienes anteponen los bienes materiales al cuidado del alma, la tranquilidad de ánimo ante los golpes de la fortuna y el gusto por el diálogo como ejercicio filosófico. Platón, en cambio, que se hizo amigo de tiranos, del poder y del lujo, de los oropeles y de la buena mesa, de la filosofía de academia y del argumento de autoridad, conservó bastante menos del legado del maestro.

Tras la muerte de Sócrates, Antístenes tomó un camino muy diferente, y en ocasiones antagónico, al de Platón: decidió no poseer nada más que la simple verdad; renunció a la riqueza; se unió a los hombres de clase trabajadora, vistió como ellos y les habló de tal manera que cualquiera, sin importar su condición, pudiera acceder a la filosofía; acusó de corruptos a los filósofos refinados que buscaban más la vida cómoda que la verdad, y despreció a aquellos cuyos discursos decían una cosa pero sus vidas, otra bien distinta.

Antístenes tenía por seguro que todo lo que debe conocerse puede ser conocido por el hombre sencillo. La verdad se encuentra más fácilmente en la forma de vivir del hombre íntegro que en los tratados académicos. Hay más sabiduría en las acciones del hombre honesto que en la retórica del que se cree sabio por poseer un trozo de papel al que llama *diploma*, y que es casi tan grande como su ego. Y es que para Antístenes, la filosofía consiste en saber conducirse; aprender a gobernar la vida es la única ciencia que debiera importarnos alcanzar. Filosofaba conversando con el otro, porque cuando solo hablamos con el igual, lo que hacemos simplemente es hablar con nosotros mismos; dialogar con los que piensan como uno produce un eco que achica nuestra experiencia del mundo y atrofia nuestra capacidad de pensar. Antístenes sabía que en el otro, sea de la condición que sea, podemos encontrar una sabiduría fruto de una vida madurada lenta y arduamente.

Sin embargo, no era un hombre tosco e iletrado, todo lo contrario; poseía una vastísima cultura y dominaba múltiples disciplinas. Escribió sobre una amplia variedad de temas, y aunque la totalidad de su obra ascendía a casi sesenta escritos agrupados en diez volúmenes, hemos conservado muy poco de ella. Exceptuando unos discursos y algún que otro fragmento que se salvó de la quema, desgraciadamente hemos perdido su enorme legado literario. Al igual que Platón, escribió diálogos, pero los del filósofo materialista, libertario y heterodoxo no se han conservado. Por fortuna, Diógenes Laercio nos ha transmitido el meollo de su pensamiento,[4] que podemos sintetizar en estos puntos:

1. *La virtud es suficiente para ser feliz* y todo lo que la mayoría de los hombres consideran bienes, como el dinero, la fama, la salud, la belleza o el poder, son indiferentes para el sabio, ya que estos no son la verdadera causa de la felicidad. Una vida dedicada a buscar la virtud es la mejor y más plena forma de vida.
2. *La gente rica, famosa y noble no es más virtuosa (ni feliz) que el resto.* El insensato, por un error de juicio y una falta de conocimiento, se deja conducir por opiniones tan extremas como erróneas. El dinero en sí mismo no cambia en nada nuestra capacidad para ser feliz, ya que esta solo depende de la virtud.
3. *Se puede enseñar la virtud.* Por tanto, cualquiera puede ser feliz si realmente lo desea y se ejercita en ello.
4. *No son necesarios largos discursos o años de estudio para aprender qué es la virtud*, ya que la sabiduría que buscamos es más práctica que teórica.
5. *La virtud está en los hechos y se aprende practicándola.* La figura del sabio no es la del eminente profesor, sino la del hombre que ha tenido el coraje de encarnar una vida filosófica; una vida verdadera. Cuando era un joven estudiante, tuve la suerte de cenar en la casa del que fue uno de los mayores expertos en Freud y el psicoanálisis. En un momento de la velada solicité ir al baño (la moderación con el vino nunca ha sido mi fuerte) y me sorprendió contemplar los títulos académicos de mi anfitrión sobre la pared del inodo-

ro. Al volver a la mesa, le pregunté el motivo de la inusual decoración de su cuarto de baño y él me respondió: «Para recordarme todos los días cuál es su verdadero valor y que nada tienen que ver con la sabiduría». Mi sabio anfitrión entendió, como Antístenes, que el conocimiento que tiene valor auténtico es el que nos enseña qué es la virtud, porque, una vez alcanzada, poseemos la capacidad para arrostrar cualquier daño y peligro.

6. *La conducta de Sócrates es el mejor libro donde aprender qué es la virtud.* No es la erudición la que distingue al verdadero sabio, sino su manera virtuosa de vivir y el temple de su ánimo. El carácter de Sócrates no es un regalo de los dioses ni fruto de la genética, sino que es cultivable. El conocimiento de las virtudes se adquiere observando su práctica en los demás y repitiéndola en nosotros mismos.
7. *Para ser virtuosos, debemos emular la fuerza que tenían Sócrates y Heracles.* La característica que distingue a estos dos personajes es la *enkrateia*, el autodominio tanto del cuerpo como de la mente, alcanzado solo a través del esfuerzo. El objetivo principal del adiestramiento del cínico fue el de fortalecer el carácter intentando desarrollar la capacidad de aguante. Antístenes advirtió que esta capacidad no solo es determinante en el deporte, sino también en la vida, y que, como en el primer caso, el carácter únicamente se forja con la dificultad, de la que nunca hay que rehuir.
8. *El sabio es autosuficiente, solo depende de su saber y de su virtud para ser feliz.* El resto de las cosas buenas le son completamente indiferentes, y ninguna circunstancia puede arrebatarle su dicha.
9. *El sabio vivirá de acuerdo con la virtud, no con las leyes establecidas.* La opinión mayoritaria no es una norma respetada por el cínico. El sabio se guiará por su razón, no por las opiniones ajenas.

10. *La impopularidad es un bien.* No solo se debe prescindir de la aprobación de los demás, sino despreciarla. El premio merece el esfuerzo: la soberana autarquía del cínico.

Como vimos, cuando Antístenes quedó huérfano de maestro, fundó su propia escuela en el gimnasio consagrado a Heracles. En los pórticos de ese recinto para la plebe, Antístenes enseñaba que el camino más rápido hacia la felicidad consiste en un viraje, un cambio de rumbo, que el filósofo sintetizó con la expresión «vuelta a la naturaleza».

El retorno a «lo salvaje» que reclamaba Antístenes para el ser humano significa una recuperación de aquellos espacios físicos y mentales donde la norma social no existe y todo es posible, donde los miedos aprendidos se disipan. Cuando la mente de un cínico se va adentrando progresivamente en lo salvaje, la naturaleza que lo reclama como hijo hace que el animal que lo habita se desprenda de su piel de hombre civilizado, para ser revestido con el manto de la libertad. Solo matando al miedo podemos convocar la libertad.

Cuando a un animal se le encierra en una jaula, sufre, se estresa y desarrolla comportamientos neuróticos. El ser humano padece estos síntomas porque se le arrebata su salvajismo. Sobre el cadáver de su libertad edifica valores artificiales y se autoexplota para alcanzarlos. Resulta muy difícil escapar de la jaula cuando el carcelero y el prisionero, el explotador y el explotado, son la misma persona. Así, para el cínico es lógico que la pérdida de lo salvaje en nuestras existencias conlleve como corolario el aumento de enfermedades como la ansiedad o la depresión.

La obediencia ciega a las normas sociales implica un encarcelamiento de la razón, única autoridad para juzgar y guiar la conducta del ser humano. Solo la vuelta a la naturaleza puede curarnos estas dolencias y devolvernos la autonomía arrebatada. La filosofía de Antístenes invita a reconquistar espacios mentales vírgenes donde la normatividad social no asfixia. Recuperar lo salvaje significa detenerse a pensar, reconsiderar los valores transmitidos y tener el coraje para construirse uno mismo la existencia y dotarla de sentido.

La vuelta a la naturaleza también implica reconquistar espacios de privacidad donde la normativa social no tiene poder. La privacidad es el lugar donde uno edifica su mundo interior alejándose del colectivo. Ese distanciamiento posibilita la reflexión y la autonomía. Pero la tendencia generalizada es la de exhibir lo privado, no por una imposición externa, sino por una necesidad creada de notoriedad, de sentir que nuestras existencias no son irrelevantes o de huir de la soledad. Cuando todo se vuelve transparente es muy fácil vigilar, controlar y dirigir, por eso en los totalitarismos no existen ni lo salvaje ni lo privado, todo se vuelve público y con ello se elimina la diferencia, la pluralidad, la identidad y la libertad.

Antístenes advierte de que solo se alcanza la plenitud abandonando la civilización, la conducta gregaria y la opinión compartida; caminando a contracorriente de los proyectos vitales estandarizados y aceptados de forma acrítica como los únicos válidos. Con su vuelta a la naturaleza, Antístenes inicia una subversión de los valores sociales y apuesta por unos valores naturales que ayuden a vivir intensamente. Buscar no la riqueza sino la autosuficiencia del animal, no la satisfacción del deseo sino el autodominio del sabio, no el éxito sino la independencia y la autonomía de los dioses. No creía que el ser humano fuera mejor que los animales; es más, todos los problemas y frustraciones del ser humano emanan de su denodado esfuerzo por no abandonar su animalidad. Antístenes consideraba que la felicidad consistía en abandonar todas las convenciones, costumbres y conceptos impostados. Había que regresar a la naturaleza sin artificios.

Asimismo, fue un apasionado defensor de la libertad individual; de hecho, llegó a ser de los pocos griegos que se atrevió a censurar la esclavitud, el modo de producción económica que todos habían normalizado y que incluso Aristóteles llegó a justificar afirmando que hay seres humanos que son esclavos por naturaleza. El cuestionamiento cínico del sistema esclavista debió de resultarle al griego de entonces una idea tan extravagante como las alternativas al capitalismo nos resultan a nosotros hoy en día. Tanto para el griego de antes como para el occidental de ahora, sus sistemas económicos han venido a quedarse para siempre; son y deben ser eternos e inmutables. Pero al filósofo cínico, al de antes y al de ahora, lo que le preocupa es lo bueno para el hombre, no lo bueno para el Estado; los costos humanos, no los económicos.

Para el fundador de la escuela, ser cínico implicaba criticar vehementemente toda forma de autoritarismo. Afirmaba que los verdugos eran mejores que los tiranos porque los primeros eliminan delincuentes, mientras que los segundos eliminan a hombres intachables. Sugirió a los atenienses que por decreto convirtiesen a los asnos en caballos, de igual forma que convertían a los que no sabían nada en gobernantes. Consideraba absurdo que apartasen la cizaña del trigo o a los inútiles en la guerra, pero que no expulsasen a los malvados de la política, y es que «tan peligroso es dar una espada a un loco como poder a un malvado».[5] Aconsejaba relacionarse con la autoridad como con el fuego: no acercarse demasiado para no quemarse, ni alejarse demasiado para no helarse; pero nunca con miedo, porque «quien teme a otros no es consciente de que es un esclavo».[6]

Antístenes fue un filósofo de ideas libertarias: era contrario a cualquier forma de gobierno puesto que todas no son más que diferentes formas de opresión. Su propuesta fue la de apostar por asociaciones humanas que no supusieran relaciones de poder de unos hombres sobre otros. El pensamiento de Antístenes sigue invitando a explorar hoy nuevos caminos de colaboración, a ser creativos en el encuentro con los otros y a buscar experiencias que no entrañen dominación. Si el ser humano ha demostrado ser capaz de crear tecnologías antes incluso de que nadie las soñase, también debería ser capaz de diseñar una escuela, un entorno laboral o una política no autoritarios, en los que las organizaciones horizontales suplanten a los gobiernos verticales y en los que se potencie el desarrollo de las individualidades frente a todo intento de homogeneización.

La defensa que Antístenes hizo de la naturaleza le llevó a poner en tela de juicio lo convencional. Criticó los comportamientos irracionales, incoherentes, hipócritas o que perjudicaban el desarrollo del ser humano. Se cebó especialmente con el consumismo, la molicie y el lujo, enemigos de la libertad y de la virtud. Antístenes abrazó la pobreza e invitó a retornar a una vida sencilla y primitiva. Vistió como un mendigo, se descalzó y se dejó crecer la barba y el cabello. Los filósofos anteriores a él vestían de blanco, se cortaban el pelo y se perfumaban. En el mundo griego, pocos gestos podían considerarse más transgresores que despojarse de la ropa como símbolo de la renuncia a la riqueza. Cortó las ataduras sociales y se atrevió a experimentar una libertad máxima, rompió el yugo de las necesidades artificiales, se empoderó de su voluntad y cultivó la indiferencia ante el deseo, el placer y el dolor.

Su teoría sobre el placer y el dolor sigue siendo poco convencional. Consideraba, en contra de la opinión mayoritaria, que no todo placer es bueno ni todo dolor es malo. ¿Cómo es posible que un placer sea negativo o un dolor beneficioso? Por su relación con la virtud, que es lo único que realmente necesitamos para ser felices. Así, son malos los placeres que nos hacen fracasar en ser buenos, que nos debilitan y que disminuyen nuestra fuerza moral; y son buenos los dolores del esfuerzo y el trabajo. Nadie nace ni libre ni virtuoso; la libertad y la virtud se alcanzan con trabajo y sudor. La autarquía y la ataraxia cínicas se ganan como el atleta adquiere la flexibilidad o el pianista la destreza, tras un adecuado entrenamiento y años de disciplinados ejercicios.

No todas las formas de vida humana son plenas para Antístenes; la mejor es aquella que se emplea en apropiarse de lo bueno para el hombre: la virtud. Pero ¿qué cosa es la virtud? El conjunto de cualidades de carácter que dan a los hombres la capacidad para superar cualquier dificultad y el valor para encarar cualquier daño o peligro. Y ¿cuáles son estas excelencias de carácter? Aquellas que poseían tanto Heracles como Sócrates (ya tratadas en el capítulo sobre las virtudes cínicas) y que exigen al individuo «hacer lo correcto, en el lugar correcto, en el momento correcto y de la forma correcta».[7] Los hombres no tienen la riqueza y la pobreza en la casa, sino en las almas. A Antístenes solo le interesaban los tesoros del alma, esa clase de riquezas que hacen al ser humano libre, por eso decía que «era preciso equiparse con tales provisiones que, si se naufragara, nadaran con uno».[8]

Afirmaba que con la virtud del alma el hombre consigue ser feliz y lo que quería indicar con ello no es solo que las virtudes son las cualidades que facilitan a todo hombre alcanzar la felicidad, sino que la felicidad (la forma de vida humana más plena) es una vida dedicada al conocimiento y la práctica de la virtud. El ejercicio de la virtud no es una mera preparación para desarrollar una vida óptima, sino que es en sí mismo el meollo de la existencia, el mayor gozo que el ser humano puede experimentar y el fin al que deberían tender las historias de nuestras vidas.

Antístenes murió como vivió: feliz, libre y autárquico, gobernándose a sí mismo cuando no se pueden gobernar las circunstancias. Llegado a una edad avanzada y sufriendo una enfermedad larga y difícil de apaciguar, recibió el auxilio de Diógenes para poner fin a su historia, como y cuando quería,[9] mientras sus sentencias pervivían para seguir mordiendo, aún hoy, el corazón de los hombres.

14

Diógenes: el perro fiero

> Cada época, la nuestra sobre todo, necesita su Diógenes. Pero la dificultad estriba en encontrar a personas con el coraje no solo de vivir de este modo, sino de sufrir las consecuencias que lo acompañan.
>
> JEAN LE ROND D'ALEMBERT, *Los cínicos*[1]

El Diógenes del que vamos a hablar nada tiene que ver con la conducta de quienes tienden a rodearse de cuanta basura pueden coleccionar y convierten sus casas en estercoleros. El mal llamado «síndrome de Diógenes» fue acuñado por los psiquiatras Clark, Mankikar y Gray en un artículo publicado en 1975 en la revista *The Lancet.* Los investigadores bautizaron confusamente este trastorno ya que lo que identifica al filósofo cínico era justamente lo contrario: prescindir de todo lo innecesario para vivir.[2]

Nuestro Diógenes era hijo de un banquero al que condenaron por falsificar moneda a gran escala. Como buen vástago, echó una mano a su padre en el monumental fraude hasta que los pillaron y los condenaron al destierro, pena que no incomodó a un filósofo apátrida y cosmopolita; de hecho, solía burlarse diciendo que no eran los sinopenses los que le condenaron al destierro, sino que fue él quien los condenó a ellos a la permanencia.[3]

En la Antigüedad, las monedas valían su peso en oro; es decir, su valor dependía del metal con las que habían sido acuñadas. Probablemente, Diógenes y su padre alteraron la aleación de las piezas y rebajaron la cantidad de oro y plata; o quizá utilizaron otra técnica de falsificación conocida como el bañado, que consiste en recubrir un trozo de metal de baja calidad (cobre o plomo) con una fina capa de metal precioso. Usasen una u otra técnica, lo importante es que esta anécdota fue tan fundante para la vocación filosófica de Diógenes como aquella otra en la que Sócrates adoptó el «conócete a ti mismo» como aforismo con el que sintetizar el objetivo de su tarea filosófica. Sócrates tomó la máxima de una inscripción que dominaba el frontis del templo de Apolo en Delfos, y aunque el sentido original era el de recordar a los hombres que no deben aspirar a entender los asuntos divinos, el filósofo le dio una nueva interpretación: su misión era reflexionar y examinar la propia vida. Al igual que Sócrates, Diógenes también acuñó un aforismo con el que resumir su vocación filosófica: «Falsifica moneda».

La máxima diogénica no debe interpretarse de forma literal, pues Diógenes estaba jugando con las palabras griegas *nomisma* («moneda») y *nomos* («norma»). Con este último término, los griegos se referían al conjunto de normas y valores que determinaban cómo debía ser la vida de un individuo en una determinada sociedad, lo que para Diógenes era sencillamente un amasijo de convenciones que debían ser sometidas al tribunal de la razón. «Falsifica moneda» es una invitación a devaluar la opinión mayoritaria, a cuestionar las costumbres y a subvertir el orden institucionalizado cuando la civilización supone la domesticación del animal llamado *hombre.* Diógenes, alterando la cotización de las convenciones en curso legal, creó sus propios valores y sus propias normas de vida.

La herramienta que usó para devaluar la moneda de curso legal fue la ironía. Nadie como él ha sido tan ingenioso riéndose de «lo respetable». Sus burlas, transgresoras y contestatarias, fueron un lúcido ejercicio de verdad que invalidó el falso valor de las convenciones sociales, a la vez que mostraban el camino hacia una vida auténticamente humana.

Diógenes entendió que el cinismo era la mejor escuela que podía formarle para encarar con éxito su misión contra el *nomos*; por ello, tras su destierro, arribó a Atenas, y quiso educarse con Antístenes. El primer encuentro fue bastante mal. El maestro le rechazó porque nunca quiso tener discípulos. Pensó erróneamente que sería fácil disuadir al candidato, pero no contaba con que dos de las virtudes que ya Diógenes había adquirido por su cuenta eran su fuerza de voluntad y su perseverancia. El futuro discípulo debió de ser tan insistente que a Antístenes no le quedó más remedio que intentar desengañarlo a bastonazo limpio, pero Diógenes no se doblegó y le dijo: «¡Pega! No vas a encontrar ningún palo lo suficientemente duro como para apartarme de ti mientras piense que tienes algo importante que enseñarme».

Antístenes terminó por rendirse a la insistencia de Diógenes y, para iniciarle en el cinismo, lo llevó a las puertas de la Acrópolis de Atenas. Una vez allí, le informó de que existían dos caminos para llegar: uno suave pero largo y otro corto pero muy empinado; debía elegir uno de los dos. Cuando Diógenes se extrañó de que su adiestramiento comenzase con una lección de urbanismo, el maestro le indicó que para alcanzar la virtud existen igualmente un camino largo, que requiere una mayor preparación teórica, y un durísimo atajo, y también en este caso era él quien debía escoger. Su primera lección de filosofía consistió en un ejercicio de libertad y de responsabilidad ante su propia deducción. Obviamente, Diógenes eligió el esforzado atajo; de lo contrario, este libro versaría sobre cómo ser un estoico[4] y la propuesta implicaría largos años de estudio de lógica, física y ética.

Diógenes aprendió de Antístenes que el hombre sabio no es el erudito sino aquel que se gobierna a sí mismo y conoce lo que es bueno para el hombre. El verdadero poder es el que se ejerce sobre uno mismo, todo lo demás es tan solo una de las múltiples formas de la opresión. Desde entonces, Diógenes volvió su espalda al principio de autoridad y siempre prefirió un buen ejemplo a un buen discurso.

El perro de Sinope rechazó la cultura intelectual por pedante e innecesaria, aunque esto no le impidió ser culto. Lo que despreciaba era no centrar la atención en el auténtico aprendizaje: cómo ser mejor persona y cómo vivir la vida de la mejor manera posible. ¿De qué sirve la geometría cuando no se sabe cómo dejar de amargarse la existencia? Diógenes fue mordaz con aquellos que creen poseer una sabiduría que es tan solo un simulacro. A uno que disertaba sobre astronomía le dijo: «¿Hace cuánto tiempo que vives en el cielo?», y a un astrólogo que explicaba en la plaza pública que los planetas eran astros errantes, le gritó: «No mientas, los errados no son los planetas sino los que te están escuchando».[5] Para el cínico, antes que ocuparse de los cielos, lo primero que se debe aprender es cómo vivir en la tierra.

Diógenes fue el contrapunto de Platón. Este último sigue siendo hoy el arquetipo de filósofo teórico que busca una verdad más allá del tiempo y la materia. Nuestro perro, en cambio, fue un filósofo práctico y del más acá. Platón afirmaba que filosofar es un modo de prepararse para morir; Diógenes, en cambio, que era vivir una verdadera vida, ser rico sin tener un óbolo, estar preparado contra cualquier contingencia y hacerse un hombre de bien. Platón demostraba sus teorías con bellas construcciones lógicas; Diógenes, practicando lo que se enseña, porque, como decía, el que solo filosofa de palabra es un desdichado y maltrata lo mejor de la filosofía.[6]

Los encuentros —o, más bien, encontronazos— entre ambos filósofos fueron icónicos y han pasado a la posteridad. En cierta ocasión, después de que Platón expusiera que los objetos que percibimos solo son copias defectuosas de modelos inmateriales, que existen en otro mundo más verdadero y perfecto que este, Diógenes le refutó así: «Platón, yo veo una mesa y una copa, pero tu "idea de mesa" y tu "idea de copa" no las veo por ninguna parte».[7] Con su humorístico apotegma, el filósofo cínico devolvió la metafísica a la física.

No eran las controversias académicas ni los silogismos lo que interesaba a Diógenes, sino la virtud, y en esto, postulaba el cínico, los animales son más sabios que los hombres. El ser humano se cree por encima de los animales y a un paso de Dios. Diógenes invirtió esta jerarquía: los dioses no necesitan nada para ser felices, los animales necesitan muy poco y los hombres son unos desgraciados por estar creando nuevas necesidades. Los dioses y los animales son autosuficientes, el hombre no.

El animal es un ejemplo de felicidad para el cínico: no conoce ni la perturbación, ni la agitación, ni la angustia, y practica de forma natural el desapego que conduce a la tranquilidad. Diógenes aprendió mucha más sabiduría de vida de un pequeño ratón que de sus congéneres. Un día observó cómo el roedor andaba despreocupado de acá para allá, sin miedo, sin necesidad de disfrutar de las comodidades de la civilización, sin inquietarse por saber dónde iba a dormir esa noche o qué le depararía el futuro, adaptándose a las circunstancias y disfrutando plenamente del placer de existir. Diógenes envidiaba la vida sin cadenas de ese diminuto animal, al que nadie mandaba y al que ninguna moral censuraba ni reprimía.

Desde ese encuentro con el ratón, trató de reducir sus necesidades a lo estrictamente imprescindible, convencido de que la libertad nace del dominio de nuestro deseo; y así, el sabio cínico se fue desprendiendo de todo lo superfluo y quedándose solo con un manto con el que abrigarse y echarse a dormir en cualquier sitio, una bolsa en la que portar las cuatro cosas que necesitaba y un bastón con el que ayudarse a trotar por el mundo, verdadera y única patria del hombre.

Diógenes afirmaba que la riqueza es una desgracia (la llamaba «el vómito de la fortuna») porque es imposible ser rico y virtuoso; y cuando alguno no entendía por qué establecía una relación entre vida filosófica y pobreza, él contestaba que nunca vio a alguien sometido por la pobreza y sí a muchos por la riqueza. Los tiranos no nacen de los «comepanes», sino de los que cenan (o desean estar con los que cenan) lujosamente. Para el cínico, el auténtico hombre rico no es el que atesora caudales, sino el autárquico que no tiene necesidades y que se basta con lo que está a su alcance. Diógenes emprendió una búsqueda de autarquía que le llevó a ir progresivamente minimizando sus preocupaciones: renunció a una familia, a un trabajo y a una carrera política. Por no tener, no tuvo ni hogar. En su afán de no atarse a nada y de poseer solo lo indispensable, se tiró a la calle y tomó como casa un ánfora de vino. Mucha de la iconografía que representa a Diógenes en un tonel (una invención galesa) es falsa. Con rigor histórico deberíamos reproducir al filósofo en una gran ánfora de aceite o de vino. Parece ser que al llegar a Atenas le encargó a uno que le buscase un alojamiento, pero como este se retrasaba, tomó como habitación una tinaja de barro que encontró en el ágora, junto al archivo de la ciudad.

Alternaba su estancia entre Atenas y Corinto, según la conveniencia de las estaciones. En esta última ciudad también se agenció otra tinaja como casa, junto a un famoso bosque sagrado lleno de cipreses. Al llegar la noticia a Corinto del inminente ataque de las tropas del rey Filipo, los habitantes corrieron de un lado a otro para intentar poner a salvo sus pertenencias, mientras Diógenes empujaba la tinaja en la que vivía haciéndola rodar. Cuando uno le preguntó por el sentido de lo que hacía, el cínico le respondió: «Porque estando todo el mundo tan agobiado, sería absurdo que yo no hiciera nada. Así que echo a rodar mi tinaja, no teniendo otra cosa de qué preocuparme». Sobre las extremas condiciones de vida de Diógenes hay algo de leyenda. Sí que es cierta su apuesta por una vida radicalmente austera (como la que llevó Francisco de Asís unos cuantos siglos después), pero no que esta llegase hasta el umbral de lo infrahumano e insalubre. En el pensamiento de Diógenes nunca estuvo la justificación de la miseria.

De entre todos los perros, él fue el más fiero, y pasó a la historia por la deslenguada franqueza con la que juzgaba a sus vecinos. Sus hirientes ironías fueron un instrumento pedagógico para obligarlos a reflexionar y a replantearse su sistema de valores. Un día apareció por el ágora y gritó a los que allí se encontraban: «¡Eh, hombres!»; entonces muchos se aproximaron para escuchar lo que el filósofo tenía que decir, pero en esa ocasión Diógenes no disertó, sino que comenzó a golpearlos con su bastón y les dijo: «Pedí hombres, ¡no desechos!». Sus famosas diatribas fueron los ladridos de un perro amigo que alerta del peligro. Una vez se puso a caminar hacia atrás, y cuando los que lo observaban comenzaron a reírse de él, les dijo: «¿Y no os avergonzáis de recorrer el camino de la vida al revés?». Otro día, mientras andaba por la calle, vio a un niño que desde la ventana se entretenía tirando piedras a la gente; Diógenes se acercó al jovencito y, sabiendo que era hijo de una afamada prostituta de la ciudad, le reprendió así: «Niño, deja de tirar piedras a la multitud, que puedes dar a tu padre». En otra ocasión encontró a un joven rico y presuntuoso practicando con el arco, y este era tan poco diestro que Diógenes se situó frente a la diana; cuando el arquero le pidió que se apartase para no herirle, el cínico le respondió que con lo mal que tiraba, ese era el único lugar seguro en el que podía estar. Le encantaba censurar y provocar a los demás, pero no por desprecio a la humanidad, sino por amor a ella; actuaba con sus congéneres como un médico compasivo que se apiada de los que conviven con la enfermedad.

Un símbolo de su manera de hacer filosofía es la anécdota que cuenta que entró al teatro cuando los demás salían y, al ser preguntado por el motivo, dijo: «Es lo que me he dedicado a hacer toda mi vida». Por acciones como estas algunos pensaron que estaba loco, pero se equivocaban; como él solía decir: «No soy un hombre sin juicio, sino que no tengo el mismo juicio que vosotros».

A continuación, sintetizamos su pensamiento «a contracorriente» en estas diez proposiciones:

1. El ser humano debe ser virtuoso y vivir conforme a la naturaleza. Esta es sin duda la mejor forma de vida.
2. Todo bien exterior carece de valor auténtico; solo los bienes interiores, las virtudes, hacen al hombre feliz.
3. La felicidad está al alcance de cualquiera.
4. La clave de la felicidad es el autodominio: el poder sobre uno mismo, sobre las propias pasiones, deseos e instintos.
5. El autodominio nos permite vivir felizmente incluso en las peores circunstancias.
6. El autodominio hace nacer en nosotros un carácter virtuoso; por tanto, es la primera y principal de las virtudes.
7. Para desarrollar el autodominio se necesita un doble entrenamiento físico y mental.
8. La persona con autodominio es la única verdaderamente feliz, sabia, soberana y libre.
9. Los principales impedimentos para la felicidad son el deseo y el placer.
10. El otro obstáculo es la estupidez. El insensato emite juicios falsos, estima lo que carece de valor, equivoca lo bueno con lo perjudicial y se avergüenza de lo natural en lugar de lo vicioso.

De todas las anécdotas de Diógenes, la más conocida es la de su encuentro con Alejandro Magno, un choque de reyes que pone de manifiesto tanto la libertad del cínico como su superioridad frente al tirano. Dion de Prusa recreó la conversación que mantuvieron el filósofo y el rey cuando se conocieron en la ciudad de Corinto.[8] Reconstruimos aquí ese encuentro, intentando ser fieles a las fuentes, a los relatos de los que disponemos, pero sobre todo a la esencia de sus personajes:

> En cierta ocasión, Alejandro, que era pobre en tiempo libre, decidió ausentarse de sus tareas de gobierno y conocer a Diógenes, el único hombre que le igualaba en fama en toda Grecia y al que le sobraba tiempo de ocio. Alejandro llegó a hartarse de los aduladores e hipócritas que le rodeaban siempre y admiraba la libertad y la franqueza que poseía Diógenes. Los hombres libres aman a sus iguales, mientras que los cobardes los temen y los consideran sus enemigos. Los primeros se regalan la verdad aunque esta sea desagradable, mientras que los segundos se tratan con la mentira para darse coba y complacerse mutuamente. Así que el rey despachó todos sus asuntos y abandonó su palacio con la intención de dirigirse hacia la casa del filósofo.
>
> —¿En qué lugar de la ciudad se encuentra la morada de Diógenes el Cínico? —preguntó el rey a uno de los habitantes de Corinto.
>
> —Mi señor —respondió el ciudadano—, tú jamás podrás llamar a su puerta porque Diógenes no posee una casa, sino que dice que la ciudad entera es su palacio. Duerme y come en los edificios públicos sin demostrar el menor pudor, no muestra respeto por la propiedad privada y se justifica afirmando que, como es amigo de los dioses y todo es de los dioses, todo es suyo también. Puedes encontrarlo tumbado sobre el suelo del santuario de Poseidón, junto al puerto de Lequeo, o comiéndose las ofrendas del altar del templo de Afrodita, o burlándose de los que transitan por el ágora, o empujando a los que salen del teatro, o remojándose los pies en la fuente dedicada a la ninfa Pirene, o hablándole a la estatua de Heracles, o discutiendo en el gimnasio, o escupiendo a los que salen de las termas.
>
> Alejandro, decidido a encontrar al filósofo cínico, recorrió el istmo de Corinto desde el mar Egeo hasta el mar Jónico y

ascendió por el Céncreas y el Lequeo, los dos promontorios que flanquean la ciudad. Se acercó primero al teatro y al estadio, construidos en un lujoso mármol blanco y considerados la belleza más deslumbrante de la ciudad, pero no lo encontró. Anduvo el camino sagrado que conducía al templo de Poseidón, bordeado a un lado por las estatuas de los atletas que habían ganado los juegos ístmicos y al otro por unos majestuosos pinos que regalaban su sombra al monarca, pero tampoco halló a Diógenes allí. Alejandro se encomendó a los dioses protectores de la *polis*, Poseidón y Helios, para que le fueran propicios, y dirigió sus pasos hacia un bosque sagrado de cipreses en los arrabales de la ciudad, donde se topó con un mendigo de barba y cabello largos, recubierto con un manto corto que apenas ocultaba su desnudez y cuya actitud no parecía nada devota: se encontraba tumbado sobre el camino de piedra y calentándose al sol con despreocupación.

—¿Conoces a Diógenes, el filósofo al que todos llaman el Perro? —inquirió Alejandro al único hombre de Grecia que no se inmutaba ante su presencia.

—Soy yo —respondió el mendigo—. ¿Quién eres tú? ¿No serás un ladrón que pretende robarme?

—¿Acaso tú tienes dinero o algo de valor? —preguntó Alejandro mientras una leve sonrisa comenzaba a dibujársele en el regio rostro.

—Tengo muchas riquezas que podría compartir contigo —le contestó mientras se secaba el sudor de la frente—, aunque no sé si tú tienes algo de valor que puedas ofrecerme.

—Pide lo que quieras y te lo concederé.

—Lo único que necesito es que te apartes, me quitas el sol.

Alejandro no pudo disimular una leve sonrisa ante la socarrona respuesta de Diógenes, y le preguntó:

—¿Conoces al rey Alejandro?

—No me ha quedado más remedio que escuchar su nombre. La gente lo repite como borregos, aunque a él personalmente no lo conozco, ya que no tengo idea de cómo y en qué piensa.

—Hoy es tu día de suerte porque conocerás a tu rey —replicó Alejandro—. Pues esta es la razón por la que él en persona ha venido a verte.

—¿Eres tú el Alejandro al que todos llaman el Bastardo?

El rey se arrepintió de intimar con un hombre tan insolente y fanfarrón. Las palabras de Diógenes le avergonzaron y, aunque hizo el intento de ocultar su enfado, el cínico percibió su malestar y quiso seguir poniendo a prueba su alma.

—¿Por qué me has llamado bastardo? —preguntó el rey.

—¿Acaso no lo hace así tu madre?

—¡Desvarías, viejo loco! ¿Cómo te atreves a faltar al respeto a tu rey?

—¿No va ella diciendo por ahí que eres el hijo de un dios? Por tanto —concluyó el cínico—, tu verdadero padre no es el rey Filipo y tú eres un bastardo.

Alejandro volvió a sonreír, comprendió que se encontraba ante un hombre tan libre como sabio, y temió no estar a su altura.

—Dime, Diógenes, ¿cómo puedo llegar a ser un buen rey? ¿Quién puede enseñármelo?

—Lo primero que debes tener claro es que no aprenderás nada de aquellos que ni siquiera saben cómo gobernar sus vidas. La sabiduría no se encuentra en aquellos que han leído muchos libros y que hablan muchas lenguas. ¿Acaso no hay malvados políglotas y hombres de ciencia cobardes? La sabiduría que tú buscas es otra; no es humana, sino divina. Aprende no de los hombres, sino del propio Zeus. El rey del Olimpo es soberano porque todo lo tiene y nada necesita, porque es dueño de sí mismo, porque nada escapa al ejercicio de su poder, porque venció a todos sus enemigos y porque ninguna fuerza domina su regia voluntad.

—Entonces —pensó en voz alta Alejandro— lo que debo hacer para convertirme en un auténtico soberano es derrotar a mis enemigos: al rey de los persas y al rey de los hindúes. Una vez que los destrone, nada impedirá que me convierta en el rey más grande que el mundo haya conocido.

—¡Burro! ¡Nunca llegarás a ser el rey! —le espetó Diógenes,

haciendo un ademán de desprecio al ver cómo Alejandro se dejaba dominar por la ambición—. Te equivocas de enemigo.

—¿Y quién es mi verdadero enemigo? —preguntó Alejandro, desconcertado.

—El más invencible de todos, uno que no habla ni persa ni medo, sino macedonio y griego.

—Dímelo de una vez, Diógenes, ¿quién es ese al que tengo que derrotar? —inquirió Alejandro, dispuesto a presentar batalla.

—¡Tú! Mientras sigas siendo esclavo de la fama y la ambición, tú eres el más odioso y el peor de tus rivales. No busques en Persia ni en las tierras del Indo, tus verdaderos enemigos están en tu interior: tus carencias y tus defectos. A diferencia de ti, el sabio sí que es soberano porque no tiene ni necesidades ni vicios, porque se pertenece, porque se posee a sí mismo, porque se complace consigo mismo y porque encuentra en sí el fundamento para su felicidad.

Tras estas palabras, Alejandro comprendió que ese viejo mendigo harapiento era el verdadero rey de todos los hombres, y que de no haber sido Alejandro, hubiese querido ser Diógenes. El filósofo evidenció su superioridad frente al tirano. Mientras Alejandro era esclavo de su codicia de gloria y honor, Diógenes vivía libre de toda ambición y poseía un poder absoluto sobre sus pasiones. El emperador gobierna a los hombres, pero es incapaz de gobernarse a sí mismo. El filósofo no manda sobre nadie, pero no conoce amo ni dueño.

Además del encuentro con Alejandro, existe otro pasaje icónico en la vida de Diógenes: su venta como esclavo. El cínico fue capturado por unos piratas y subastado, cosa bastante común en la época, como bien podría contar Platón. Lo usual en este tipo de venta pública era que los esclavos fueran expuestos desnudos, para comprobar si tenían algún defecto físico, junto a una placa que informaba de su origen, salud, carácter, formación y capacidades. La calidad de vida de un esclavo podía variar mucho dependiendo de su futura tarea, que iba desde trabajar en las minas (una lenta sentencia de muerte) hasta hacer de secretario o educador, valorados casi como personas libres. Los que se ponían en venta hacían lo posible por mostrar sus virtudes a los compradores. Se les concedía la palabra para que describieran qué era lo que sabían hacer. Cuando Diógenes fue expuesto ante el público, lo primero que hizo fue tumbarse en el suelo. El vendedor le exigió que se levantara y le preguntó por qué hacía tal cosa, a lo que Diógenes respondió que así era como en las pescaderías se vendía el mejor producto. Entonces alguien de entre el público le preguntó: «¿Tú qué sabes hacer?», y el filósofo respondió: «Solo sé hacer una cosa: mandar. Anda a ver si eres capaz de encontrar a alguien que necesite un amo». La ingeniosa respuesta de Diógenes cautivó a un tal Jeníades, que lo compró, lo liberó y le ofreció educar a sus dos hijos. Diógenes aceptó la oferta y los instruyó como cínicos. Endureció sus cuerpos, su carácter y su fuerza de voluntad obligándoles a caminar descalzos, a vestir siempre la misma ropa, a comer frugalmente, a beber solo agua y a raparse el pelo. Fortaleció sus mentes haciéndoles aprender de memoria pasajes enteros y dialogando con ellos sobre los grandes temas. Los dos niños terminaron convirtiéndose en hombres libres, sabios y fuertes, que guardaron como un valioso tesoro el ejemplo y las enseñanzas de su amado perro.

Se estima que Diógenes murió cuando rondaba los noventa años, el 13 de junio del año 323 a. C., casualmente el mismo día que Alejandro Magno, y aunque la historia lo ha retratado como un hombre antisocial, mugriento y vagabundo, lo cierto es que debió de ser un hombre tan austero como culto, apasionado por la filosofía y el debate, con un increíble don para la ironía, coherente con los principios que defendía y que se granjeó el respeto y la admiración de sus vecinos. Lo de presentarlo como un viejo loco que pasaba sus días masturbándose en público es solo un relato ideológico e interesado, porque es más fácil enfrentarse a la caricatura que al hombre.

15

Crates de Tebas: el perro afable

> Deberíamos estudiar filosofía hasta que considerásemos a los generales como meros conductores de asnos.
>
> Diógenes Laercio,
> Libro VI, 82

> Al llamarle Alejandro de Macedonia y anunciarle que reedificaría Tebas, la patria de Crates, le replicó: «No quiero una patria semejante que otro Alejandro pueda destruir».
>
> *Gnomologium Vaticanum*, 743, n. 385[1]

El Duomo de Siena está construido sobre un antiguo templo dedicado a Minerva, diosa romana de la sabiduría. Todo hombre que ha cruzado su pórtico ha quedado maravillado ante el suelo que lo sostiene. En el siglo xvi, el historiador Giorgio Vasari describió el piso de la catedral como «el mayor, más bello y más magnífico suelo creado jamás», y el compositor alemán Richard Wagner, en una carta enviada a su esposa en 1880, confesó haberse sentido «emocionado hasta las lágrimas por la belleza de esos paneles». En el interior de la catedral, la mirada no asciende hacia los cielos sino hacia la tierra, a los 56 paneles de marquetería en mármol blanco, rojo, verde, negro y azul. En el mosaico trabajaron más de cuarenta artistas y se tardó más de quinientos años en terminarlo. Los paneles del Duomo de Siena son una invitación al visitante a practicar la filosofía.

Uno de los más bellos mosaicos está construido a partir de un dibujo del pintor de Umbría Bernardino di Betto, conocido como Pinturicchio, y titulado *El camino de la virtud* o *El monte de la sabiduría*. El panel muestra en primer plano a la diosa Fortuna: una joven desnuda que sostiene el cuerno de la abundancia en su mano derecha mientras que con la izquierda recoge viento con una vela. Su equilibrio, como ella, es inestable, su pie derecho descansa sobre un globo terráqueo mientras que el izquierdo se posa sobre un barco ingobernable cuyo mástil se ha partido. El artista parece indicarnos que, después de un tormentoso viaje, la diosa al fin ha tomado tierra en una isla poblada por un grupo de sabios que ascienden por una colina encrespada e inhóspita. Los filósofos dan la espalda a la Fortuna, quien, aunque seductora, posee un carácter incierto, impredecible, inestable y precario, y eligen el duro camino que conduce hacia la virtud. En la cima de este sendero arduo y sombrío, lleno de dificultades y de pruebas, se encuentra una figura femenina que representa a la Virtud descansando en una llanura repleta de flores. Sobre ella se abre un pergamino con la siguiente inscripción *Huc properate viri: salebrosum scandite montem pulchra laboris erunt premia palma quies* («El camino para alcanzar la virtud es difícil, pero los que perseveren serán recompensados»). ¿Cuál es el premio para el sabio que alcanza la cima? La palma de la serenidad, el sosiego y la profunda dicha. En la antigua Roma se representaba a la Victoria con una palma como símbolo de triunfo del espíritu sobre lo terrenal y la carne, de renacimiento e inmortalidad. A la izquierda de la Virtud se encuentra Sócrates; a su derecha, Crates de Tebas. El tebano arroja sobre la cabeza de la diosa Fortuna todas sus riquezas. El mensaje está claro: la virtud solo se alcanza con el esfuerzo, el hombre virtuoso es el más feliz, y de entre todos los hombres, Crates es el más excelente y su vida, la más dichosa.

La diosa Fortuna es la personificación de las fuerzas que gobiernan las existencias de muchos hombres y que los griegos representaron como una señora celosa, cruel, ciega, cambiante, caprichosa, paradójica y muy irracional. La Fortuna representa lo accidental o circunstancial de nuestras vidas, todo aquello que sucede al margen de nuestra voluntad. Los griegos la temían e intentaban aplacarla mediante sacrificios, ritos y plegarias, pero los cínicos no mostraron ningún respeto hacia la diosa, soportaban sin queja todos los reveses que ella les enviaba y terminaron por hacerse inmunes a sus ataques. Crates se burlaba de los golpes de la Fortuna y decía que estos no eran desgracias, sino oportunidades para ejercitarse y progresar en el camino hacia la virtud. Si la diosa es la directora de esta gran comedia que es la vida, el cínico acepta el atrezo y el vestuario que ella impone, pero interpreta con libertad su papel y construye su propio personaje.

¿Por qué el mosaico del Duomo de Siena representa a Crates arrojando riquezas a la cabeza de la Fortuna? Porque Crates era uno de los más ricos terratenientes de la gran Tebas, pero al conocer a Diógenes quedó tan conmovido que cambió radicalmente su forma de vivir, repartió su dinero entre sus vecinos y asumió los principios de la filosofía cínica. Al terminar de desprenderse de todos sus bienes, sentenció: «Crates libera a Crates de Tebas. Gracias a ti, Fortuna, maestra del bien, me envuelvo sin preocupación en el manto». Las palabras que el filósofo pronunció ante el pueblo de Tebas eran la fórmula que se usaba cuando alguien liberaba a su esclavo. Al abandonar sus posesiones, Crates se emancipó del poder que ejercían sobre él y se dispuso a invertir el tiempo que había perdido administrándolas en ascender hacia la virtud. En lugar de cuidar la hacienda, cuidaría de sí mismo.

El encuentro con Diógenes hizo que Crates entendiese

que los únicos bienes que merece la pena atesorar son los internos, las virtudes de carácter, aquellos que la Fortuna no puede arrebatar. La imagen que lo representa tirando su patrimonio es el contrapunto de la que expuso Dante en el Canto IX de su *Divina Comedia*: el demonio aparece repartiendo monedas de oro entre los eclesiásticos, los nobles y el mismo Papa. Al igual que Dante, Crates sabía cómo el dinero corrompe el alma de los hombres y sus instituciones.

A diferencia del agresivo Diógenes, Crates destacó por su simpatía y su buen humor. El tono de su crítica fue mucho más pacífico y conciliador que el de su maestro: si Diógenes te espetaba un sarcasmo con el que te ridiculizaba en público, Crates te regalaba un chiste con el que, además de reírte, te cuestionaba tu escala de valores. No censuraba con acritud, sino con gracia. Como vimos, sus vecinos le pusieron el sobrenombre de «Abrepuertas» ya que todas las casas de Atenas siempre estuvieron abiertas para él y fueron muchos los que grabaron sobre ellas: «Libre acceso a Crates, el buen amigo».

El tebano iba de casa en casa consolando a los que padecían una desgracia, ofreciendo sabios consejos de vida y poniendo paz entre aquellos que estaban enfadados. Visitaba los hogares que habían sido perturbados por la discordia y no los abandonaba hasta que restablecía la concordia en ellos. Los habitantes de Atenas lo consideraron una especie de genio benéfico y protector, a mitad de camino entre los hombres y los dioses. Con su zurrón y su tosco manto, Crates se pasó la vida bromeando y riendo, como si estuviera en medio de una fiesta.

Estas fueron sus enseñanzas:

1. *La carencia de necesidades es propia de la libertad*. La frugalidad es un elemento indispensable para gozar de la vida. Afirmaba que los objetos de plata y la púrpura son útiles para los actores, pero no para la vida. Nada hay más necio que someterse a la riqueza o la fama. Un cínico no prefiere las ostras a las lentejas.

2. *La práctica de la filosofía ayuda a vivir contentándose con lo presente, no deseando las cosas ausentes y no quejándose de las circunstancias.* Ejercitarse en necesitar poco es estar cercano a los dioses.
3. *La virtud se adquiere con el entrenamiento; no llega, como el vicio, espontáneamente al alma.* Crates decía que la virtud de los caballos no es la de sus dueños. Aunque el caballo sea muy valioso, el que vale es el caballo y no el dueño. Por eso más nos valdría empezar a ejercitarnos nosotros en la virtud en lugar de nuestros caballos. La riqueza de un hombre no está el interior de su casa, sino en su alma. Ninguna mercancía tiene valor para vivir bien.
4. *Se debe aprender a disfrutar de los placeres sencillos y cotidianos, fáciles de satisfacer, que la naturaleza pone a nuestro alcance.* Es una insensatez renunciar a la libertad por la falsa promesa de plenitud de los placeres sofisticados. El hombre virtuoso lucha contra la tiranía de los placeres porque sabe que este no da la felicidad; si fuese así, nadie sería feliz porque en cada etapa de la vida hay más dolor que placer.
5. *El hombre virtuoso se libera de las pasiones que nublan la razón e impiden gobernar la conducta.* La esclavitud a las pasiones nos vuelve violentos, agresivos y desdichados.
6. *La única patria del cínico es el universo.* Nuestra patria no es una muralla, una torre o una casa, sino todos los pueblos de la Tierra. En cualquier parte se encuentra el cínico como en casa y en todo hombre reconoce a su hermano.
7. *Las mujeres no son inferiores a los hombres, como tampoco lo son las perras a los perros.*
8. *En cuestiones de sexualidad no hay moral.* Es absurdo calificar una práctica de inmoral. La vergüenza debe tenerse solo para las acciones que provocan daño tanto al sujeto como a sus semejantes.
9. El hombre virtuoso se ejercita en el esfuerzo para

aumentar la salud del cuerpo y la fortaleza de su voluntad. Crates solía salir a correr y se decía a sí mismo: «Corro por mi bazo, por mi hígado y por mi vientre». Se debe practicar deporte para conservar la salud, no para estar bello a los ojos de los demás.

10. *La ley es bella, pero no es superior a la filosofía.* Para obrar justamente es necesario reflexionar y cuestionar la vida en todo momento. Ser cínico es filosofar comprometidamente: pensar la vida y vivir el pensamiento.

Crates murió muy viejo, después de una vida dichosa y plena. Todos lo admiraron por la serenidad, el buen humor, la fuerza moral, el desprendimiento y la grandeza de los principios con los que vivía.

16

Hiparquia: la perra feminista

> Yo, Hiparquia, las labores de mujeres de amplios
> vestidos
> no elegí, sino la vida vigorosa de los Perros.
> No las ropas con broches, ni el calzado de gruesas
> suelas, ni la redecilla reluciente me agradaron,
> sino la alforja camarada del bastón, su acorde
> doble manto y el cobertor del jergón en el suelo.
> Y afirmo ser así mejor que Atalanta la de Menalión,[1]
> en la medida en que la sabiduría es superior
> a la montería.
>
> *Antología Palatina*, VII, 413[2]

La Penélope de Ulises era el ideal de mujer griega, esposa fiel, que dedicó su vida a tejer, a cuidar de sus hijos y a esperar el regreso de su marido. En la misógina cultura griega, la mujer quedaba relegada a los papeles de esposa y madre. En cuanto al matrimonio, era el hombre el que elige, nunca al revés, y el responsable de enseñar a la esposa cómo ser una buena mujer.

Muchos griegos, entre ellos Aristóteles, creían que la mujer era un simple receptáculo para la gestación que acogía la simiente como la tierra, y por ello consideraban que la propiedad de los hijos era en exclusiva del varón. Una vez casadas, permanecían enclaustradas de por vida en el gineceo, la habitación de la casa griega donde las mujeres de la familia se dedicaban al telar y al cuidado de los hijos cuando eran pequeños. El único poder que tenían las mujeres era por delegación del varón y lo ejercían solo en el entorno del hogar, porque ser mujer en la antigua Grecia significaba estar completamente excluida de la educación ciudadana y de la vida pública.

Según cuenta Demóstenes, la mujer griega tenía tres roles: el de cortesana, cuya función es dar placer a los hombres; el de amante, para los cuidados cotidianos, y el de esposa, para tener una descendencia legítima y ser una fiel guardiana del hogar. En los tres papeles sociales, la mujer se define en relación con el varón. Cualquier otra actividad ajena a estos tres roles era cosa de hombres, y quizá sea esa la razón por la que los griegos sentían pánico al escuchar los relatos de las amazonas, por representar a la mujer independiente que no necesitaba de ningún hombre. Las amazonas no se casaban, no construían familias patriarcales y no dedicaban su existencia a cuidar de sus hijos y a tejer; pero, sobre todo, usaban las mismas armas que un varón, y esto último era lo que más atemorizaba a los hombres griegos.

Hiparquia fue una amazona que usó la razón y el discurso con la misma contundencia que el mejor de los filósofos atenienses, y por eso fue tan despreciada como temida. Conocidísima es la disputa que mantuvo con el filósofo Teodoro el Ateo y que aquí recreamos:

> En cierta ocasión, Crates fue invitado a un banquete. El filósofo cínico preguntó a su compañera Hiparquia si le apetecía asistir, a pesar de que lo más probable fuese que su presencia femenina irritase a los comensales. Hiparquia no desaprovechó aquella ocasión que se le brindaba para ejercitar su *parresía* y acudió al simposio. Al llegar a la casa, Crates e Hiparquia se descalzaron antes de pasar a la sala donde se celebraba el banquete. Todos los que allí se encontraban, incluidas las mujeres que servían el vino de Lesbos, al ver a Hiparquia portando una

guirnalda de flores como un convidado más, comenzaron a murmurar. Aunque ninguno se atrevía a decir nada en alto, quizá por respeto o quizá por miedo a lo que pudiera contestar Crates, Teodoro, apodado «el Ateo» por ser el primer filósofo abiertamente no creyente de Grecia, se levantó airado del lecho en el que estaba tumbado, se situó frente a Hiparquia y, mirándola directamente a los ojos, le dijo:

—¡Quítate ahora mismo esa guirnalda! ¿O es que no sabes que solo las cortesanas y las heteras pueden acudir a los banquetes? ¿Acaso pretendes mancillar el noble arte de la filosofía con la debilidad de tu género?

—Querido Teodoro —contestó la filósofa cínica—, mucho y muy bien he oído hablar de ti. Por toda Atenas se cuenta lo diestro que eres en el arte del silogismo, ¿serías tan amable de examinar uno de los míos?

—Adelante, exponlo delate de todos los que aquí estamos, perra, para que además de amenizar la velada con unas risas, podamos enseñarte adecuadamente cuál es tu lugar, puesto que no está hecha la ciencia para el infantil entendimiento de una mujer.

—Contéstame a esto, Teodoro: si una acción de Teodoro no es condenable, la misma acción realizada por Hiparquia tampoco es condenable.

—Cierto es, perra —contestó Teodoro mientras hacía un ademán condescendiente.

—Por tanto —continuó Hiparquia—, si Teodoro se abofetea a sí mismo y no es condenable, que Hiparquia abofetee a Teodoro tampoco es condenable.

Teodoro se quedó sin habla mientras todos los que allí se encontraban se mofaban. El semblante del filósofo mudó de color y cuando las carcajadas se disiparon, le replicó a Hiparquia con estas palabras:

—¡Calla, mosca de perro! ¡Deja la filosofía a los hombres y dedícate a tejer, como hacen las mujeres de bien!

El enfado de Teodoro iba subiendo de tono ya que la filósofa cínica estaba conculcando la norma griega que prescribía a las mujeres no dar que hablar, ni bien ni mal, a los varones. En su *Política*, el mismo Aristóteles sentencia que «el silencio adorna a las mujeres».[3] Tanto para el discípulo de Platón como para Teodoro, Hiparquia debía haberse quedado muda ante las palabras de un hombre, pero no fue así. Hiparquia habló:

—¿Por qué crees, Teodoro, que es preferible el arte de tejer al de la filosofía?

Teodoro volvió a quedarse sin respuesta y lo único que supo hacer fue tirarle del vestido y dejarla desnuda. Pero Hiparquia no conocía qué cosa era la vergüenza desde que abrazó los principios del cinismo, con lo que el abochornado terminó siendo Teodoro.

Teodoro no fue el único hombre en cuestionar a Hiparquia. La cínica ha sido una de las autoras más castigadas por la historia de la filosofía: ninguna de sus tres obras (*Hipótesis filosóficas*, *Epiqueremas* y *Cuestiones para Teodoro el Ateo*) se ha conservado, y la imagen que se nos ha intentado transmitir no es la de filósofa, sino la de esposa de Crates, como si no tuviera identidad y pensamiento propios. Hiparquia es la única mujer que aparece en *Vida y opiniones de los filósofos ilustres* de Diógenes Laercio, pero solo se la cita como la compañera de Crates. Por otras fuentes sabemos que su actividad filosófica se centró en la lógica y que destacó en ella con el mismo brillo con que lo hizo Atalanta en la caza.

Hiparquia nació en Maronea, una ciudad costera de Tracia famosa por producir un vino que era estimado en todos los rincones del Egeo, y en la que el santuario principal estaba consagrado, no por casualidad, a Dioniso. Cuando el padre de Alejandro conquistó la ciudad, su familia decidió trasladarse a Atenas.

El hermano de Hiparquia, Metrocles, fue aquel que, de no haber sido por Crates, habría abandonado la filosofía y la vida por causa de un movimiento involuntario de los intestinos. Fue por Metrocles por quien Hiparquia conoció al filósofo, y quebrantando la normativa social de la época, fue ella quien lo eligió a él como marido, y ambos establecieron una relación de amor libertaria que volaría por los aires todas las convenciones sobre el matrimonio y la sexualidad. El suyo fue un acuerdo de convivencia entre dos sujetos igualmente libres que en todo momento podía ser revocable. La familia de Hiparquia, su padre especialmente, se negó con rotundidad al proyecto de vida de la futura cínica, por lo que ella amenazó con el suicidio si no se le permitía gobernar libremente su propia existencia. Los padres, sabedores de los principios de su díscola hija, terminaron por aceptar su vocación filosófica.

Lo que ocurrió después está reflejado en un fresco del siglo I procedente del jardín de la Villa Farnesina y que hoy en día puede contemplarse en el Museo delle Terme. La pintura muestra a dos caminantes, una mujer y un hombre. Ella es Hiparquia y él, Crates. Él tiene la barba y el cabello greñudos, viste un manto corto y una gruesa piel; con su mano derecha sujeta un bastón y con su izquierda agarra el asa de una bolsa de viaje; por la posición de su cuerpo, parece que se dispone a comenzar la marcha. Ella porta una caja con el ajuar de novia sobre su cabeza y se ayuda con su mano izquierda para sostenerla. Crates vuelve la cabeza y acepta unir su existencia a la de una mujer empoderada que con su mano derecha lo invita a caminar juntos. El fresco de la Villa Farnesina muestra cómo Hiparquia fue capaz de subvertir los esquemas morales de la sociedad griega al no permitir ser dada en matrimonio. Hiparquia fue una mujer cínica que decidió cómo y a quién amar.

Hiparquia y Crates consumaban su amor en público, a la vista de todos, en el justo instante en que la necesidad natural aparecía. Liberada ya de la condición de «mujer de su casa», disfrutó de una libertad sexual inaudita en la época y se convirtió, como afirman las fuentes, en «otro Crates», es decir, no en la esposa de su marido, sino en el otro miembro de una sociedad igualitaria con los mismos derechos.

Hiparquia usó el principio cínico de retorno a la vida natural como instrumento para cuestionar las normas que la sociedad patriarcal griega imponía a las mujeres. Usó el cinismo para adquirir los mismos derechos que un hombre y deconstruir una cultura diseñada para someter a la mujer desde su nacimiento.

Hiparquia vivió y pensó al margen —o, más bien, muy por encima— del rol de la mujer tradicional griega. La filósofa cínica entendió que, en su caso, la autarquía debía concretarse en un rechazo a toda relación de sometimiento a un varón. Fue una mujer dueña de su cuerpo y de su sexualidad en una cultura en la que solo al hombre le estaba permitido disfrutar del sexo más allá de la función reproductora. Actuó fuera de una ley que pretendía domarla y rebajarla, traspasó el umbral del hogar, salió a la calle, reclamó sus derechos y vivió una vida filosófica de mujer autárquica y libre.

Epílogo

Nietzsche admiraba profundamente a Antístenes, a Diógenes, a Crates y a Hiparquia y compartió con ellos una misma visión de la vida y de la filosofía. En su *Ecce Homo*, el pensador alemán escribió que el cinismo es lo más alto que podemos conquistar en la Tierra y que para alcanzarlo necesitamos al mismo tiempo unos dedos delicados y unos puños valientes.

La grandeza que Nietzsche, a diferencia de Hegel, supo ver en los cínicos fue la de tener la voluntad para dramatizar públicamente una pregunta atemporal, radical y fundante, que se ha abierto paso a través de los siglos por medio de autores como Séneca, Michel de Montaigne o el propio Nietzsche, y que resuena en nuestro presente como un eco ensordecedor, que todo lo mueve, perturba y tambalea: *¿Cómo podríamos vivir mejor la vida y cómo podríamos llevarla a su plenitud?*

La vida humana es un relato de búsqueda de una respuesta digna a este interrogante, y aunque todos los seres humanos se han sentido alguna vez rozados por su oscuro poder, el hombre de nuestra época parece haber olvidado aquello que andaba buscando. El signo de nuestro tiempo es el de haber olvidado preguntarse por lo bueno para el hombre. Y la fatal consecuencia de nuestra desmemoria ha sido la de que nuestras vidas hayan perdido su rumbo original y se hayan vuelto extrañas para nosotros mismos, un sinsentido.

Esta pregunta fue el horizonte que daba identidad, dirección y significado a nuestras vidas. Una vez borrado, todo se nos ha vuelto vacío, carente de valor, mientras experimentamos una angustiosa sensación de marchar errantes a través de una nada infinita.

La historia de nuestra época puede ser la historia de un error: el de confundir los medios con los fines, las cosas buenas con *lo bueno para el hombre*. Solo lo segundo permite ordenar los bienes y comprender cuál es el propósito de la vida. ¿A qué se ha debido esta confusión y cuál ha podido ser la causa de nuestro olvido? Quizá la misma que sumió a los lotófagos en una amnesia permanente. El pueblo descrito por Homero en la *Odisea* se alimentaba tan solo con flores de loto, que aunque eran deliciosas como la miel y calmaban la angustia y el sufrimiento, tenían el efecto secundario de borrar la memoria de quienes las comían. Los comedores de loto no vivían, consumían; pasaban su tiempo huyendo de la realidad y gozando en las ensoñaciones que la planta les generaba. Algunos de los marineros de Odiseo se aficionaron al loto, olvidaron su viaje y permanecieron para siempre lejos de su patria. ¿Acaso seremos nosotros los descendientes de aquellos marineros?

Si esto fuese así, la filosofía cínica podría ser una eficaz terapia para nuestra actual desmemoria, el revulsivo que necesitábamos para reflotar nuestras negras y cóncavas naves en el insondable mar de la existencia, y retomar con ello la exploración de *lo bueno para el hombre*, nuestra verdadera Ítaca.

Lo que los cínicos enseñaron a los hombres con los que convivieron fue que una vida auténticamente humana y la forma más plena de existencia es aquella que se emplea en esta búsqueda. Como afirma Alasdair MacIntyre, «la vida buena para el hombre es la vida dedicada a buscar la vida buena para el hombre».[1] Si nos atreviésemos a abandonar el consumo de loto y a emprender una vida auténtica y buena, las virtudes cínicas podrían ayudarnos a vencer las distracciones, las dificultades, las tentaciones, los peligros y las pruebas que encontremos en el camino, en la misma medida que ayudaron a Heracles. Pero el poder del loto es tan excesivo y tiránico en nuestros días que en las actuales plazas tal vez debiéramos alzar columnas con imágenes de perros, como la que los ciudadanos de Corinto erigieron a Diógenes, para que el cínico vuelva a iluminar nuestras existencias con el farol de su filosofía e instarnos a retomar la búsqueda.

Notas

Introducción

1. Peter Sloterdijk, *Crítica de la razón cínica*, Madrid, Siruela, 2003, p. 206.

2. Carlos García Gual, *La secta del perro*, Madrid, Alianza Editorial, 1987, p. 11.

3. Zygmunt Bauman, *Modernidad líquida*, México D. F., Fondo de Cultura Económica de España, 2000, p. 143.

1. Una breve historia de la filosofía canina

1. Walter Benjamin, *Tesis de Filosofía de la Historia*, VII, México D. F., UNAM, 2008.

2. Michel Onfray, *Contrahistoria de la filosofía*, vol. I, Barcelona, Anagrama, 2007, pp. 20-36.

3. Luciano de Samósata, *Los fugitivos*, en *Obras*, vol. III, Madrid, Gredos, 1990.

4. *Vidas y opiniones de los filósofos ilustres* es una voluminosa obra, compuesta por diez libros, y el único trabajo de la Antigüedad sobre la historia de la filosofía que ha llegado hasta nosotros. Abarca tanto datos biográficos como las doctrinas de los representantes de la filosofía griega, y termina con el escéptico Sexto el Empírico.

2. Los primeros perros

1. En el siglo XIII, Tomás de Aquino amplió el conjunto de virtudes y sumó, a estas cuatro, las tres llamadas «teologales»: fe, esperanza y caridad, específicamente cristianas. Para el cristianismo la virtud vale porque dirige al hombre hacia Dios, a diferencia de los griegos, para los que la virtud era un fin en sí misma.

2. Philippa Foot, *Las virtudes y los vicios*, México D. F., UNAM, 1994, pp. 117-131.

3. Helenismo líquido

1. Carlos García Gual, *La secta del perro*, Madrid, Alianza Editorial, 1987, p. 11.

2. Bauman, *op. cit.*, p. 44.

4. El punk, el perro y el maldito Prometeo

1. Sobre la imagen del perro como animal impúdico en la Antigua Grecia, recomiendo el trabajo de Megumi Andrade Kobayashi, «Representaciones e imaginarios perrunos: desde Grecia hasta la Conquista de América», *Universum*, 2(26), 2011, pp. 11-48.

2. García Gual, *op. cit.*, pp. 18-19.

3. Homero, *Ilíada*, traducción de Óscar Martínez García, Canto I, Madrid, Alianza Editorial, 2019, pp. 89-92.

4. *Ibid.*, Canto II, 483, p. 138.

5. *Ibid.*, Canto XXI, 421, p. 607.

6. Robert Flacelière, *La vida cotidiana en Grecia en el siglo de Pericles*, Madrid, Temas de Hoy, 1993, p. 227.

7. Propercio, *Elegías*, L I, 2, Madrid, Gredos, 1989.

8. Pierre Grimal, *Diccionario de mitología griega y romana*, Barcelona, Paidós, 1989, p. 455.

9. Platón, *Protágoras*, 322 d, en García Gual, *op. cit.*, p. 23.

10. Dion de Prusa, *Discurso* VI C, «Diógenes o Sobre la tiranía», en José A. Martín García (ed.), *Los filósofos cínicos y la literatura moral serioburlesca,* vol. II, Madrid, Akal, 2008, p. 794.

5. La sociedad a la que el perro ladra

1. En Martín García, *op. cit.*, p. 346.

2. Celia Amorós, *Feminismo: Igualdad y diferencia,* capítulo I, México D. F., PUEG (Programa Universitario de Estudios de Género) y Universidad Nacional Autónoma de México, p. 27.

3. *Epístolas Pseudoepigráficas atribuidas a Crates,* n.º 36, en Martín García, *op. cit.*, vol. II, p. 533.

4. Platón, *Leyes,* 936b, traducción de Francisco Lisi, Madrid, Biblioteca Clásica Gredos, Diálogos, vol. IX, 1999, p. 283.

5. *La Suda,* s. v. *cinismo,* en Martín García, *op. cit.*, vol. I, p. 115.

6. Estobeo, IV 31, 88, en *ibid.*, p. 311.

7. Estobeo, IV 32, 12, en *ibid.*

8. Estobeo, IV 33, 26, en *ibid.*

9. Diógenes Laercio, VI 10, en *ibid.*, p. 171.

10. Teón el Rétor, *Ejercicios retóricos,* 5, pp. 97, 11-101, 2, en *ibid.*, p. 103.

11. Hesíodo, *Obras y fragmentos, Trabajos y días,* Madrid, Biblioteca Clásica Gredos, 1978, p. 135.

12. Arsenio, p. 197, 8-11, en Martín García, *op. cit.*, vol. I, p. 332.

13. Diógenes Laercio, *Vida de los filósofos ilustres,* Libro VI, 65, traducción de Carlos García Gual, Madrid, Alianza, 2007, p. 308.

6. El gimnasio del perro

1. Fernando A. Marín Valdés, *Plutarco y el arte de la Atenas hegemónica,* Oviedo, Universidad de Oviedo, 2008, pp. 147-149.

2. Héroe ateniense, que indicó a Cástor y a Pólux dónde estaba oculta su hermana Helena. En recompensa, los dos hermanos

exceptuaron de su conquista la tierra perteneciente a Academo, a orillas del Cefiso, a seis estadios de Atenas.

3. Peter Sloterdijk, *Esferas I: Burbujas. Microsferología*, Madrid, Siruela, 2014, p. 2.

4. Platón, *Obras completas*, en Patricio de Azcárate (ed.), t. 6, Madrid, Medina y Navarro Editores, 1872, p. 277.

5. Vicenç Joaquín Bastús, *Diccionario histórico enciclopédico*, tomo III, Barcelona, Roca, 1833, p. 43.

6. El emperador romano Cómodo, creyendo que era la reencarnación del mítico héroe, portaba una piel de león cuando bajaba a la arena a combatir contra bestias salvajes o contra desgraciados gladiadores, y mandó que se erigiesen estatuas suyas vestido de Hércules por todo el imperio. En la actualidad, se puede admirar una de esas estatuas en el Palacio de los Conservadores de Roma.

7. Según la versión de Apolodoro, el catálogo de los trabajos realizados por Heracles es el que sigue: I. Matar al León de Nemea y despojarlo de su piel. II. Matar a la Hidra de Lerna. III. Capturar a la Cierva de Cerinea. IV. Capturar al Jabalí de Erimanto. V. Limpiar los establos de Augías en un solo día. VI. Matar a los Pájaros del Estínfalo. VII. Capturar al Toro de Creta. VIII. Robar las Yeguas de Diomedes. IX. Robar el cinturón de Hipólita. X. Robar el ganado de Gerión. XI. Robar las manzanas del jardín de las Hespérides. XII. Capturar a Cerbero y sacarlo de los infiernos.

8. Marco Aurelio, *Meditaciones*, VII, 61, Barcelona, Ariel, 2016, p.82.

9. Juliano, *Discursos*, IX (VI) 8, p. 187 b-c, en Martín García, *op. cit.*, vol. I, p. 142.

10. Sobre el modelo heroico de Heracles, recomiendo el artículo de Francisco Sánchez Jiménez, «Los "doce trabajos" de Heracles y la perspectiva heroica de la vida en Grecia arcaica», *Baetica*, n.º 28, 2006, Fasc. 2.

11. El filósofo surcoreano Byung-Chul Han, en *La sociedad del cansancio*, advierte que la sociedad occidental está sufriendo un silencioso cambio de paradigma: el exceso de positividad está conduciendo a una sociedad del cansancio. La idea de que

podemos y debemos hacerlo todo está produciendo individuos agotados, fracasados y depresivos. La explotación a la que uno mismo se somete es mucho peor que la externa. Esta forma de explotación resulta, además, mucho más eficiente y productiva debido a que el individuo decide voluntariamente explotarse a sí mismo hasta la extenuación. La nuestra es una sociedad en la que todos, incluso el ejecutivo mejor pagado, trabajamos como esclavos aplazando indefinidamente el ocio.

7. Lenguaje canino

1. Hermógenes, *Ejercicios retóricos*, III, 19, pp. 7, 7-14, en Martín García, *op. cit.*, vol. I, p. 109.

2. Diógenes Laercio, *op. cit.*, Libro VI, 46.

3. Arsenio, *Fábulas*, «Diógenes y el calvo», en Martín García, *op. cit.*, vol. I, p. 336.

4. Juliano, *Contra el cínico Heraclio*, 214b-c, pp. 56-57, en Michel Foucault, *El coraje de la verdad. El gobierno de uno mismo y de los otros, II.* Curso del Collège de France (1983-1984), Madrid, Akal, 2009, p. 188.

5. *Ibid.*, pp. 198 y ss.

6. Henri Bergson, *La risa. Ensayo sobre la significación de lo cómico*, Madrid, Espasa-Calpe, 1973.

7. *Ibid.*, p. 17.

8. R. Bracht Branham y Marie Odile Goulet-Cazé (eds.), *Los cínicos*, Barcelona, Ariel, 2020, pp. 132-134.

9. Demetrio, *De Eloquentia* (*Sobre el estilo*), 259, en Martín García, *op. cit.*, vol. I, p. 29.

8. Una vida perra

1. Plutarco, *De esu carnium*, 995 d 9, en Cristóbal Macías, «Algunas notas sobre el ideario y el modo de vida cínicos», *Analecta Malacitana*, n.º 26, 2009, p. 16.

2. Juliano, *Discursos,* IX, p. 13, en Fuentes González, «El atajo filosófico de los cínicos antiguos hacia la felicidad», *Cuadernos de Filología Clásica: Estudios griegos e indoeuropeos,* vol. 12, 2002, pp. 220-221.

3. Séneca, *Cartas a Lucilio,* 62, 3, Madrid, Cátedra, 2008.

4. Estobeo, III, 10, 57, en Martín García, *op. cit.*, vol. I, p. 312.

5. *Códice Palatino Griego,* 297, n. 71, f. 118 r., en Martín García, *op. cit.*, vol. I, p. 312.

6. Estobeo, III, 10, 62, en Martín García, *op. cit.*, vol. I, p. 312.

7. Friedrich Nietzsche, *La voluntad de poder,* traducción de Aníbal Froufe, Madrid, Edaf, 2000.

8. Máximo de Tiro, *Discursos filosóficos,* XXXII, 9, en Martín García, *op. cit.*, vol. I, pp. 296-297.

9. Diógenes Laercio, *op. cit.*, Libro VI, 64, en Martín García, *op. cit.*, p. 308.

10. Estobeo, III, 4, 83, en Martín García, *op. cit.*, vol. I, p. 363.

11. Miguel de Mañara, «Regla de la Muy Humilde Hermandad de la Hospitalidad de la Santa Caridad de Sevilla», en Alejandro Guichot, *Los famosos jeroglíficos de la muerte de Juan de Valdés Leal,* 1930, p. 58.

12. «Cada día morimos: cada día se nos quita alguna parte de la vida, e incluso cuando crecemos nuestra vida decrece.» Séneca, *Tesoro de máximas, avisos y observaciones,* Barcelona, Edhasa, 1998, p. 39.

13. Epístola 8: *De Antístenes a Aristipo,* en Martín García, *op. cit.*, vol. I, pp. 206-207.

14. Diógenes Laercio, *op. cit.*, Libro VI, 29, en Martín García, *op. cit.*, p. 292.

15. Estobeo, III, 22, 41, en Martín García, *op. cit.*, vol. I, p. 304.

16. Diógenes Laercio, *op. cit.*, Libro VI, 10-13, pp. 282-284.

17. Estobeo, IV, 29, 19, en Martín García, *op. cit.*, vol. I, p. 303.

18. Diógenes Laercio, *op. cit.*, Libro VI, 24, en Martín García, *op. cit.*, p. 290.

19. *Ibid.*, Libro VI, 71, p. 312.

20. *Ibid.*, Libro VI, 44, p. 299.

21. Diógenes Laercio, *op. cit.*, Libro VI, 2, en Martín García, *op. cit.*, p. 278.

22. Plutarco, *De la fortuna o virtud de Alejandro Magno* I, 10, p. 332 c., en Martín García, *op. cit.*, vol. I, p. 295.

23. Diógenes Laercio, *op. cit.*, Libro VI, 24, en Martín García, *op. cit.*, p. 290.

9. LAS VIRTUDES DE UN BUEN PERRO

1. Cicerón, *Tusculanas,* Libro III, 1-13, Biblioteca Clásica Gredos, Madrid, 2005, pp. 261-271.

2. Temistio, *Sobre la virtud,* p. 44, en Martín García, *op. cit.*, vol. I, p. 346.

3. Diógenes Laercio, *op. cit.*, Libro VI, 47.

4. *Gnomologium Vaticanum,* 743, n. 177, en Martín García, *op. cit.*, vol. I, p. 331.

5. Diógenes Laercio, *op. cit.*, Libro VI, 62.

6. *Ibid.*

7. Arsenio, p. 197, 19-21, en Martín García, *op. cit.*, vol. I, p. 361.

8. Estobeo, III, 10, 60, en Martín García, *op. cit.*, vol. I, p. 361.

9. Eduardo Schwartz, *Figuras del mundo antiguo,* en García Gual, *op. cit.*, p. 51.

10. Diógenes Laercio, *op. cit.*, Libro VI, 46.

11. *Ibid.*, 69.

12. Dion Casio, *Historia de Roma,* LXV, 12 ss., en Martín García, *op. cit.*, vol. II, p. 718.

13. Filóstrato, *Vida de Apolonio,* VII, 16, en *op. cit.*, p. 713.

14. Para recomponer lo que podría ser el contenido de una típica diatriba cínica sigo las *Epístolas Pseudoheracliteas,* unos discursos anónimos de censura que datan de finales del siglo I d. C. Tomado de Martín García, *op. cit.*, vol. II, pp. 744-764.

15. La traducción es de Arturo Ortega Morán y forma parte del artículo que investiga la falsa atribución a Cervantes de la tan citada frase «Ladran, Sancho, señal de que cabalgamos». Disponible en: <https://www.fundeu.es/noticia/ladran-sancho-senal-de-que-cabalgamos-5737/>.

16. Diógenes Laercio, *op. cit.*, Libro VI, 36.

17. Diógenes Laercio, *op. cit.*, Libro VI , 94.

18. Alasdair MacIntyre, *Tras la virtud*, Barcelona, Austral, 2013, pp. 149-150.

19. *Ilíada*, Canto XX, 200-205; 241-242, traducción de Óscar Martínez García, Madrid, Alianza Editorial, 2019.

20. Aristóteles, *Ética a Nicómaco*, 1134b, 5-8, Madrid, Gredos, 2014, p. 147.

21. Platón, *Apología*, 31c-32a, Barcelona, Biblioteca Clásica Gredos, 2019, p. 174

22. Platón, *Apología*, 28e, *op. cit.*, p. 170.

23. Máximo Confesor, IX, 45, en Martín García, *op. cit.*, vol. I, p. 160.

24. Porfirio, *Escolio a la Odisea*, 106, en *ibid.*, pp. 199-200.

25. *Odisea*, Canto IX, 108-112, traducción de Carlos García Gual, Madrid, Alianza Editorial, 2005.

26. *Ibid.*, 187-193.

27. Porfirio, *Escolio a la Odisea*, 106, en Martín García, *op. cit.*, vol. I, p. 202.

28. Platón, *Fedón*, 59 b, Barcelona, Biblioteca Clásica Gredos, 2019, p. 28.

29. Diógenes Laercio, *op. cit.*, Libro VI, 11.

30. Los estoicos, seguidores de la doctrina cínica de la *apátheia*, le atribuyen al sabio una variedad de estados emocionales llamados *eupátheia* («buen ánimo»): la alegría (*chará*), la voluntad (*boúlesis*) y un sentido de precaución (*eulábeia*) (Diógenes Laercio, VII, 116).

31. Benedicto de Spinoza, *Ética demostrada según el orden geométrico*, traducción de Vidal I. Peña, Madrid, Tecnos, 2007, pp. 375-376.

32. Diógenes Laercio, *op. cit.*, Libro VI, 66.

33. Aristóteles, *Ética a Nicómaco*, 1104 a 25, Madrid, Gredos, 2014, p. 55.

34. Diógenes Laercio, *op. cit.*, Libro VI, 70.

35. *Ibid.*, pp. 22-23.

36. Epicteto, *Disertaciones por Arriano*, Libro III, XXII, 87-88, Madrid, Biblioteca Clásica Gredos, 1993, p. 333.

37. Foucault, *op. cit.*, p. 289.

38. Diógenes Laercio, *op. cit.*, Libro X, 139.

39. *Ibid.*, Libro VI, 63.

40. Eurípides, *Tragedias*, en *Heracles*, tomo II, traducción de José Luis Calvo Martínez, Madrid, Biblioteca Clásica Gredos, 1985, p. 123.

41. Epicuro, *Carta a Meneceo*, X, 128.

42. Epicteto, *op. cit.*, Libro III, XXII, 48-49, p. 326.

10. Los vicios

1. Diógenes Laercio, *op. cit.*, Libro VI, 7.

2. Platón, *República*, 439e-440a, traducción de Conrado Eggers, Barcelona, Biblioteca Clásica Gredos, 2020, p. 234.

3. Diógenes Laercio, *op. cit.*, Libro VI, 71.

4. *Ibid.*, Libro VI, 60.

5. Escolio a Luciano, *Subasta de vidas*, 7, en Martín García, vol. I, p. 220.

6. «No censuro a quienes han propuesto de nuevo el debate sobre la cuestión de los mitileneos, ni apruebo a los que se quejan de que se delibere repetidamente sobre asuntos de la máxima importancia; pero pienso que dos son las cosas más contrarias a una sabia decisión: la precipitación y la cólera; de ellas, una suele ir en compañía de la insensatez, y la otra de la falta de educación y la cortedad de entendimiento.» Tucídides, III, 42, traducción de Juan José Torres Esbarranch, Madrid, Biblioteca Clásica Gredos, 1991, p. 81.

7. Galeno, *Protréptico*, VI, Martín García, vol. I, p. 189.

8. Jenofonte, *Banquete*, IV, 36-37, traducción de José Antonio Caballero López, Madrid, Alianza, 2009, pp. 97-98.

9. Diógenes Laercio, *op. cit.*, Libro VI, 43.

10. *Ibid.*, Libro VI, 51.

11. Estobeo, III 6, 41, en Martín García, vol. I, p. 310.

12. *Ibid.*

13. Diógenes Laercio, *op. cit.*, Libro VI, 47.

14. *Ibid.*, 66.

15. «Así también a nosotros, si nos escanciamos bebidas en abundancia, pronto nos fallarán los cuerpos y las mentes y ni resollar ni pronunciar palabra alguna podremos. Pero si para nosotros en copas pequeñas los criados hace a menudo caer una lluvia fina de vino, para decirlo con la expresión de Gorgias, no nos emborracharemos forzados por el vino, sino que, persuadidos por él, llegaremos a divertimentos mejores.» Jenofonte, *Banquete*, II, 26, *op. cit.*, p. 84.

16. Heródoto, *Historia*, VII, 10, traducción de Carlos Schrader, Madrid, Biblioteca Clásica Gredos, 1985, p. 44.

17. Diógenes Laercio, *op. cit.*, Libro VI, 7.

18. Estobeo, III, 1, 28, en Martín García, *op. cit.*, vol. I, p. 153.

19. Epístola 12, *A Crates*, en *ibid.*, p. 397.

20. Juliano, *Discursos* IX (VI) 14, p. 195 a-c., en Martín García, *op. cit.*, vol. I, p. 286.

21. Estobeo, III, 29, 92, en Martín García, *op. cit.*, vol. I, p. 282.

11. El uniforme y la alimentación del perro

1. Ian Jenkins, *La vida cotidiana en Grecia y Roma*, Madrid, Akal, 1998, pp. 23 y ss.

2. El púrpura fue el tinte natural más caro y lujoso de la Antigüedad, reservado durante el Imperio romano a la aristocracia. Parece ser que los primeros en usarlo fueron los fenicios en la antigua ciudad de Tiro, es por ello que al tinte se le conoce también como «púrpura de Tiro». El colorante se obtiene de la secreción de la glándula hipobranquial de un caracol de mar: el *Murex brandaris*. Para la producción de un gramo de este tinte eran necesarios 9.000 moluscos.

3. Diógenes Laercio, *op. cit.*, Libro VI, 13-15. Aunque más adelante, en 22-23, nos dice que otros creen que fue Diógenes de Sinope el primero en doblar el manto.

4. Sobre el doble manto de los cínicos, véase Joachim Winckelmann, *Historia del arte en la Antigüedad*, Madrid, Akal, 2011, pp. 100 y ss.

5. Diógenes Laercio, *op. cit.*, Libro VI, 6.

6. Tertuliano, *Sobre el manto,* V, en Martín García, *op. cit.*, vol. I, p. 495.

7. *Epístolas socráticas entre Antístenes y Aristipo,* Epístola 9, en *ibid.*, p. 200.

8. El texto forma parte de las *Epístolas Pseudodiogénicas,* escritas por los seguidores del cinismo en la época imperial romana para la difusión de sus ideas. La presente epístola es la número 9, en *ibid.*, p. 390.

9. *Epístolas Pseudodiogénicas,* epístola 30, en *ibid.*, p. 408.

10. *Epístolas Pseudodiogénicas,* epístola 37, en *ibid.*, p. 410.

11. *Gnomologium Vaticanum* 743, n. 192, en *ibid.*, p. 243.

12. Ateneo de Náucratis, IV, 156 c -158 a, en Martín García, *op. cit.*, vol. II, p. 743.

12. Ideología canina

1. Sloterdijk, *Crítica de la razón cínica, op. cit.*, p. 175.

2. Mijaíl Bakunin, *Dios y el Estado,* Madrid, Verbum, 2018, p. 9.

3. Isidoro de Sevilla, *Etimologías,* VIII, 6, 14, Martín García, *op. cit*, p. 509.

4. Lactancio, *Instituciones divinas,* III, 15, 21, *ibid.*, p. 509.

5. Estobeo, *Eclogae,* II, 57, 18-58, 4, traducción de Marcelo D. Boeri en *Los estoicos antiguos. Sobre la virtud y la felicidad,* Santiago de Chile, Editorial Universitaria, 2003, p. 203.

6. Sexto Empírico, *Bosquejos pirrónicos,* III, 24, 200, en Martín García, *op. cit.*, vol. I, p. 508.

7. Filodemo, *Sobre los estoicos: Papiro Herculanense,* n.° 339, en *ibid.*, p. 276.

8. Dion de Prusa, *Discurso* VI C. *Diógenes o Sobre la tiranía,* 17-19, en Martín García, *op. cit.*, vol. II, pp. 792-793.

9. Galeno, *Sobre los lugares afectados,* VI, 15, en Martín García, *op. cit.*, vol. I, p. 359.

10. El himeneo es un género de poesía que se cantaba en el

ritual de matrimonio griego, durante la procesión de la novia a la casa del novio. Estos cantos eran invocaciones al dios Himen o Himeneo, protector del matrimonio, a quien se le ofrecía leche, comida y vino. El dios es representado como un bello joven coronado con una guirnalda de flores que porta en una mano una flauta y en la otra, como Diógenes en esta anécdota, una antorcha encendida símbolo de la pasión. Sirva como ejemplo de uno de estos cantos, este compuesto por la poetisa Safo: «¡Elevad el techo nupcial! / Himeneo / ¡Alzadlo carpinteros! / Himeneo / El esposo entra semejante a Ares / más alto que el hombre más alto», verso 123 D tomado de Natalia Pedrique, *Safo. Poesía del amor sagrado entre mujeres,* Mérida, Venezuela, Universidad Los Andes, 2000, p. 97.

11. Diógenes Laercio, *op. cit.*, Libro VI, 72.

12. Luciano, *Subasta de vidas,* IX, en Martín García, *op. cit.*, vol. I, p. 252.

13. Máximo de Tiro, *Discursos filosóficos,* XXXVI, 5-6, en *ibid.*, p. 297.

14. *Epístolas Pseudodiogénicas,* n.º 47, *A Zenón,* en *ibid.*, p. 427.

15. El pórtico donde fornicaron públicamente Hiparquia y Crates es el famoso Pórtico Pécile o *Stoa Poikilè,* un edificio porticado con columnas dóricas en el exterior y jónicas en su interior, decorado con pinturas y situado en el norte del ágora de Atenas, donde los estoicos tenían la costumbre de enseñar.

16. Apuleyo, *Floridas,* XIV, en Martín García, *op. cit.*, vol. I, p. 508.

17. Estobeo, IV, 34, 72, pp. 848-849, Hense, en *ibid.*, vol. I, pp. 643-644.

18. Juan Sardiano, *Comentario a Ejercicios retóricos de Aptonio,* p. 39, 1-16, en Martín García, *op. cit.*, vol. I, p. 112.

19. Diógenes Laercio, *op. cit.*, VI, 103.

20. Estobeo, II, 31, 76, en Martín García, *op. cit.*, vol. I, p. 192.

21. Diógenes Laercio, *op. cit.*, Libro VI, 68.

22. *Códice Vaticano,* 711, fol. 82 b, en Martín García, *op. cit.*, vol. I, p. 295.

23. Diógenes Laercio, *op. cit.*, Libro VI, 25-26.

24. *Códice Napolitano,* II D 22, n. 49 y 51, en Martín García, *op. cit.*, vol. I, p. 324.

25. Jenofonte, *Recuerdos de Sócrates,* III, 9, 4, Madrid, Gredos, 1993.

26. Diógenes Laercio, *op. cit.*, Libro VI, 27-28.

27. Séneca, *Cartas a Lucilio,* vol. I, 27, 5-6, Madrid, Biblioteca Clásica Gredos, 1986, p. 211-212.

28. *Non est loquedum, sed gubernadum* («No se trata de hablar, sino de llevar el timón»), en *ibid.*, vol. II, 108, 37, p. 310.

29. El encuentro entre Diógenes y Filipo es relatado por Diógenes Laercio, *op. cit.*, Libro IV, 43; también encontramos referencias en Plutarco, en *Sobre el exilio,* 16, p. 606 b-e y en *De cómo distinguir al adulador del amigo,* 30, p. 70 c., ambos en Martín García, *op. cit.*, vol. I, p. 225.

30. El fragmento pertenece a un texto que redactó Errico Malatesta, uno de los principales teóricos del anarquismo moderno, usado como programa de la Union Anarchica Italiana en su congreso de Bolonia. Errico Malatesta, *Nuestro programa,* traducción de José Prat, Santiago, Editorial Libertad.

31. Diógenes Laercio, *op. cit.*, Libro VI, 38.

32. *Ibid.*, 49.

33. *Epístolas Pseudodiogénicas,* 31, en Martín García, *op. cit.*, vol. I, p. 409.

34. Plutarco, *De cómo distinguir al adulador del amigo,* 27, p. 69 c-d, en Martín García, *op. cit.*, vol. I, p. 504.

35. Diógenes Laercio, *op. cit.*, Libro VI, 93.

36. *Ibid.*, 63.

37. *Ibid.*, 93.

38. *Ibid.*, 98, traducción de Carlos García Gual.

39. Solo conservamos unos pocos versos en los que Crates describía la idílica isla de Pera (La alforja), en Diógenes Laercio, *op. cit.*, Libro VI, 85.

40. Crates expuso su ciudad ideal en el poema «Zurrón», nombre de una de las insignias más significativas del atuendo cínico, a la vez que parodiaba el referente tradicional de vida comunitaria: la isla de Creta descrita por Homero.

41. *La República* es uno de los trece diálogos que Diogénes Laercio le atribuye al filósofo. El catálogo de sus obras se

encuentra en las *Vidas y opiniones de filósofos ilustres*, Libro VI, 80.

42. Filodemo, *Sobre los estoicos*: Papiro Herculanense n.º 339, en Martín García, *op. cit.*, vol. I, pp. 273-276.

43. *Ibid.*, p. 275.

44. Emilio Durkheim, *Las formas elementales de la vida religiosa*, Buenos Aires, Editorial Schapire, 1968, p. 41.

45. *Ibid.*, p. 44.

46. Taciano, *Discurso a los griegos*, 25, 1, en Martín García, *op. cit.*, vol. II, p. 919.

47. Diógenes Laercio, *op. cit.*, Libro II, 117.

48. San Juan de la Cruz relata una experiencia espiritual que es idéntica a la recogida en algunos *upaṇiṣads*, los libros sagrados hinduistas escritos en sánscrito aproximadamente de entre el 800 y el 400 a. C. y a los que el místico español nunca tuvo acceso. En las tradiciones místicas de todo tiempo, creencia y cultura se narran una experiencia muy semejante, marcada por dos factores: amor y unidad (este parece ser el meollo).

49. Diógenes Laercio, *op. cit.*, Libro VI, 4.

50. *Ibid.*, 42.

51. Cicerón, *De la naturaleza de los dioses*, III, 34, 83.

52. Diógenes Laercio, *op. cit.*, Libro VI, 37.

53. *Ibid.*, 45.

13. Antístenes: el perro genuino

1. Temistio, *Sobre la virtud*, p. 43, Mach, en Martín García, *op. cit.*, vol. I, p. 169.

2. También llamada Rea, era hija de los dos primeros dioses: Urano y Gea. Se terminó casando con Cronos, con el que tuvo muchos hijos, entre ellos Zeus. El culto a esta diosa provenía del Asia Menor, lo que actualmente es Turquía, y desde allí pasó posteriormente a Grecia. Como muy bien saben los aficionados del Real Madrid, se la representa como una matrona imponente sentada sobre un carro tirado por leones.

3. Diógenes Laercio, *op. cit.*, Libro VI, 1.

4. *Ibid.*, 11.

5. Máximo Confesor, IX, 45, en Martín García, *op. cit.*, vol. I, p.160.

6. Estobeo, III, 8, 14, en Martín García, *op. cit.*, vol. I, p.161.

7. MacIntyre, *op. cit.*, p. 190.

8. Diógenes Laercio, *op. cit.*, Libro VI, 6.

9. *La Suda*, s. v. Antístenes, en Martín García, *op. cit.*, vol. I, p. 126.

14. Diógenes: el perro fiero

1. En Branham y Goulet-Cazé (eds.), *op. cit.*, p. 430.

2. «Síndrome de Diógenes. Síndrome de Crates e Hiparquia, acerca de dos casos», *Siso Saude, Boletín de la Asociación Gallega de Salud Mental*, La Coruña, n.º 29, 1997, pp. 82-98.

3. Diógenes Laercio, *op. cit.*, Libro VI, 49.

4. El filósofo estoico Apolodoro de Seleucia fue famoso por describir el cinismo como «el camino corto a la virtud» frente al estoicismo, que implicaba mucho más estudio teórico.

5. Estobeo, II, I, 23, en Martín García, *op. cit.*, vol. I, p. 320.

6. Estobeo, III, 33, 14, en Martín García, *op. cit.*, vol. I, p. 322.

7. Diógenes Laercio, *op. cit.*, Libro VI, 53.

8. Dion de Prusa, *Discurso* IV, en Martín García, *op. cit.*, vol. I, pp. 827-834.

15. Crates de Tebas: el perro afable

1. En Martín García, *op. cit.*, vol. I, p. 503.

16. Hiparquia: la perra feminista

1. Atalanta fue una mítica mujer que decidió vivir en los bosques y se convirtió en una de las mejores cazadoras de la

mitología. Representa a la mujer heroica que, frente a la mujer tradicional, se atrevió a llevar una vida libre y a practicar actividades que la cultura griega estimaba masculinas. Tanto el arco como la filosofía estaban reservados a los hombres; Atalanta brilló con el primero e Hiparquia con la segunda. Aunque ambas mujeres se atrevieron a romper las convenciones sociales, el poeta considera a Hiparquia superior a la mítica Atalanta ya que la actividad intelectual es superior a la física.

2. En Martín García, *op. cit.*, vol. I, p. 553.

3. Aristóteles, *Política*, I, 1260, Madrid, Biblioteca Clásica Gredos, 1988, p. 83.

Epílogo

1. MacIntyre, *op. cit.*, p. 271.

Apéndice

1. Sloterdijk, *Crítica de la razón cínica*, *op. cit.*, p. 168.
2. *Ensayos*, libro I, capítulo, XXXI.

Bibliografía para perros

BAKUNIN, Mijaíl, *Dios y el Estado,* Madrid, Verbum, 2018.

BAUMAN, Zygmunt, *Modernidad líquida,* México D. F., Fondo de Cultura Económica de España, 2000.

BENJAMIN, Walter, *Tesis de Filosofía de la Historia,* México D. F., UNAM, 2008.

BERGSON, Henri, *La risa. Ensayo sobre la significación de lo cómico,* Madrid, Espasa-Calpe, 1973.

BRACHT BRANHAM, R., y GOULET-CAZÉ, Marie Odile (eds.), *Los cínicos,* Barcelona, Ariel, 2020.

CICERÓN, *Tusculanas,* Madrid, Alianza Editorial, 2010.

CIPOLLA, Carlo M., *Allegro ma non tropo: las leyes fundamentales de la estupidez humana,* Barcelona, Crítica, 2013.

DIÓGENES LAERCIO, *Vidas y opiniones de los filósofos ilustres,* Madrid, Alianza Editorial, 2013.

DURKHEIM, Emilio, *Las formas elementales de la vida religiosa,* Buenos Aires, Editorial Schapire, Buenos Aires, 1968.

EURÍPIDES, *Tragedias,* en *Herácles,* traducción Carlos García Gual, Madrid, Gredos, 1995.

FLACELIÈRE, Robert, *La vida cotidiana en Grecia en el siglo de Pericles,* Madrid, Temas de Hoy, 1993.

FOOT, Philippa, *Las virtudes y los vicios,* México D. F., UNAM, 1994.

FOUCAULT, Michel, *El coraje de la verdad. El gobierno de uno mismo y de los otros, II.* Curso del Collège de France (1983-1984), Madrid, Akal, 2009.

GARCÍA GUAL, Carlos, *La secta del perro,* Madrid, Alianza Editorial, 1987.

GRIMAL, Pierre, *Diccionario de mitología griega y romana*, Barcelona, Paidós, 1989.

HESÍODO, *Obras y fragmentos, Trabajos y días*, Madrid, Biblioteca Clásica Gredos, 1978.

JENKINS, Ian, *La vida cotidiana en Grecia y Roma*, Madrid, Akal, 1998.

JENOFONTE, *Apología. Banquete. Recuerdo de Sócrates*, Madrid, Alianza Editorial, 2009.

KABAYASHI, Megumi Adrade, «Representaciones e imaginarios perrunos: desde Grecia hasta la conquista de América», *Universum*, 26(2), 2011, pp. 11-48.

LUCIANO DE SAMÓSATA, *Los fugitivos*, en *Obras*, vol. 3, Madrid, Gredos, 1990.

MACÍAS, Cristóbal, «Algunas notas sobre el ideario y el modo de vida cínicos», *Analecta Malacitana*, n.º 26, 2009, pp. 3-40.

MACINTYRE, Alasdair, *Tras la virtud*, Barcelona, Austral, 2013.

MALATESTA, Errico, *Nuestro programa*, traducción de José Prat, Santiago, Editorial Libertad.

MARÍN VALDÉS, Fernando A., *Plutarco y el arte de la Atenas hegemónica*, Oviedo, Universidad de Oviedo, 2008.

MARTÍN GARCÍA, José A. (ed.), *Los filósofos cínicos y la literatura moral serioburlesca*, Madrid, Akal, 2008.

MIQUEL, Esther, *Amigos de esclavos, prostitutas y pecadores*, Pamplona, Verbo Divino, 2007.

MONTAIGNE, Michel de, *Ensayos*, Barcelona, Acantilado, 2007.

NIETZSCHE, Friedrich, *La voluntad de poder*, Madrid, Edaf, 2000.

ONFRAY, Michael, *Contrahistoria de la filosofía*, Barcelona, Anagrama 2007.

PLATÓN, *Las leyes*, 936b, traducción de J. M. Pabón y M. Fernández Galiano, Madrid, Alianza Editorial, 2002.

SÁNCHEZ JIMÉNEZ, Francisco, «Los "doce trabajos" de Heracles y la perspectiva heroica de la vida en Grecia arcaica», *Baetica*, n.º 28, Fasc. 2, 2006, pp. 259-272.

SCHWARTZ, Eduardo, *Figuras del mundo antiguo*, Madrid, Alianza Editorial, 1986.

SÉNECA, *Cartas a Lucilio*, Madrid, Cátedra, 2008.

—, *Sobre el ocio; sobre la tranquilidad del alma; sobre la brevedad de la vida*, Libros Singulares, Madrid, Alianza Editorial, 2011.

SLOTERDIJK, Peter, *Crítica de la razón cínica*, Madrid, Siruela, 1983.

—, *Esferas I: Burbujas. Microsferología*, Madrid, Siruela, 2014.

SPINOZA, Baruch, *Ética demostrada según el orden geométrico*, traducción de Vidal I. Peña, Madrid, Tecnos, 2007.
WINCKELMANN, Joachim, *Historia del arte en la Antigüedad*, Madrid, Akal, 2011.

APÉNDICE

Diez ejercicios para ser un cínico hoy

El cinismo sigue siendo no solo una filosofía vigente, sino, sobre todo, la solución a los problemas de nuestra sociedad, así al menos lo creía Foucault. Ser cínico hoy significa ejercitarse en una vida filosófica, una verdadera vida, que por tal tiene que ser diferente a la de la mayoría. Si el lector siente alguna inclinación a adoptar los principios cínicos, estos ejercicios de inspiración clásica, pero adaptados a nuestro contexto actual, pueden ayudarle en su ascenso hacia la virtud.

1. Arrastrar un arenque

Una de las pruebas que Diógenes proponía a sus alumnos para alcanzar la *anaideia* (ausencia del sentido del ridículo) consistía en atar un cordel a un arenque seco e ir arrastrándolo, como quien pasea a su perro, por el ágora. El objetivo de este ejercicio es ir perdiendo progresivamente nuestra vergüenza a base de sometemos a situaciones ridículas ante los ojos de los demás. La clave está en aprender a soportar la mirada inquisidora de la gente.

Al principio le costará más, pero, con la repetición y el hábito, conseguirá que el «no importa lo que la gente piense de mí» deje de ser un mero desiderátum para convertirse en una realidad. Si no dispone en estos momentos de un arenque o de cualquier otro tipo de pescado en salazón, no se preocupe, porque de lo que se trata es de que sea capaz de transgredir su sentimiento de vergüenza con pequeños gestos: haga nudismo, pasee en ropa deportiva por las calles comerciales de su ciudad, baje en pijama a tirar la basura, etc. Esta práctica, además de ayudarle a tomarse la vida con humor, le librará del «más íntimo de los grilletes sociales».[1] Realizar actos vergonzosos, lejos de humillarle, le dotará de la autoridad moral propia del cínico: la de quien no actúa siguiendo las reglas de la manada, sino las que dicta la razón.

2. De compras con Sócrates

Recuerde que uno de los caracteres que más elogiaban los cínicos era el de Sócrates, por su fuerza de voluntad, su autarquía y su austeridad. Recuerde igualmente que a Sócrates le encantaba pasear por el mercado de Atenas admirando las mercancías que allí se exhibían, pero de las que nunca compraba nada, y que, en cierta ocasión, uno de sus discípulos, que no entendía la razón del proceder del maestro, le preguntó:

> —Maestro, usted viene todos los días al mercado, revisa detenidamente cada uno de los puestos, interroga a los comerciantes sobre sus productos, se admira con lo que venden, pero nunca compra nada. ¿Por qué? ¿Acaso le hace falta dinero? ¿Necesita que se lo prestemos?
>
> —¡No! —respondió Sócrates mientras se reía a carcajadas—. Ya tengo todo lo que necesito y lo que deseo. Pero me encanta ir de tiendas para comprobar que puedo ser plenamente feliz sin todas esas cosas.

Un cínico de hoy tomaría una actitud crítica frente al consumismo que la sociedad propone, deambularía por las calles como un espectador de una obra de teatro y se burlaría con la de estupideces que la gente compra para ganarse el respeto y la admiración de los demás. ¡Vaya de tiendas a lo cínico! Pasee por las calles comerciales de su ciudad y entre en alguna de sus tiendas; cuanto más lujosas y extravagantes, mucho mejor. Observe y analice el comportamiento de la gente, junto con las estrategias utilizadas por las empresas para desatar en nosotros el deseo de consumir sus mercancías y, sobre todo, tome conciencia de la cantidad de cosas que no necesita absolutamente para nada.

3. Tenga preparada la maleta

El cínico debe comenzar su camino de liberación espiritual desprendiéndose de los objetos innecesarios y superfluos. Recuerde la anécdota de cómo Diógenes se deshizo de su cuenco de barro al ver a un niño beber con las manos. En este sentido, de vez en cuando puede darse una vuelta por su casa, inspeccionar qué es lo que tiene de más y desprenderse de ello. Para discernir qué objetos son los realmente importantes, puede imaginar que tiene que salir forzosamente de viaje (como desgraciadamente han experimentado muchos refugiados) y llenar una sola maleta. ¿Qué llevaría consigo y qué dejaría?

Cuando viajamos, sobre todo si nos toca hacerlo con una línea aérea de bajo coste, uno aprende a llevar lo realmente necesario. En este ejercicio cínico, el objetivo es simplificar nuestras vidas haciendo una selección tanto de los objetos como de las personas, porque también puede hacer algo parecido con su lista de «amigos» de las redes sociales. A Plinio el Joven se le atribuye la máxima *non multa sed multum* («no muchas cosas, sino mucho»); mejor poco pero con fundamento que mucho pero insustancial. Aunque el autor latino se refería al estudio, en el sentido de que no se necesita leer muchas obras sino solo las esenciales, podemos extrapolar esta idea a todos los ámbitos de la vida: elija lo poco pero intenso a lo mucho pero banal. Cuanto menos tenga que perder, más fácil lo tendrá para ser franco tanto en lo que diga como en lo que haga.

4. Fortalecimiento de la voluntad (negaciones)

Recuerde que la virtud cínica de la *kartería* (la fuerza de voluntad), por la que sobresalía Sócrates y Heracles, entre otros, solo se alcanza mediante continuas y pequeñas negaciones. Así, por ejemplo, puede intentar controlar su alimentación ingiriendo únicamente lo que su cuerpo necesita y no lo que le apetece. Esta «gimnasia de la voluntad» tiene como objetivos alcanzar el autodominio, eliminar las necesidades vacuas y obtener el máximo placer con los mínimos medios a nuestro alcance. Otro ejemplo práctico: si tiene como rutina dormir la siesta, de vez en cuando niéguese a hacerlo para recordarle a su cuerpo quién es el que manda. Al principio su cuerpo mostrará resistencia y se quejará como un niño pequeño cuando no consigue lo que quiere, pero después de un tiempo se calmará. La meta principal es que logre domar a su cuerpo y no al revés.

5. Endurecimiento del cuerpo

Es propio del cínico cuidar el cuerpo y fortalecerlo. Como vimos, los cínicos practicaban un doble adiestramiento: el espiritual y el corporal. Diógenes, para robustecerse, se revolvía sobre la arena ardiente del verano y se abrazaba a las gélidas estatuas durante el invierno. El propio Hipócrates también recomendaba los beneficios de los baños de agua fría. Con un ejercicio continuado el cuerpo se acostumbra al frío y se robustece.

Uno de los más famosos atletas de todos los tiempos, Milón de Crotona, realizó la proeza de levantar a pulso un buey de cuatro años y dio una vuelta entera con él al estadio olímpico. ¿El truco? El entrenamiento progresivo. Cuentan que Milón comenzó a entrenar llevando sobre sus hombros un ternero recién nacido. Todos los días repetía el mismo ejercicio acompañado del animal. A medida que pasaba el tiempo, el ternero iba creciendo y ganando peso, a la vez que Milón se iba haciendo más fuerte. Si a usted le resulta complicado hacerse con un ternero, no desista, lo importante es que entrene su cuerpo progresivamente para acostumbrarlo a cualquier circunstancia adversa. Aproveche los cambios de estación para aclimatarse de forma natural y progresiva en lugar de usar la climatización para vivir un verano artificial en invierno, o viceversa. Haga de su cuerpo una fuente de autoridad y un bello ejemplo de su compromiso con la libertad.

6. Imagine que se muere

Este ejercicio era muy popular entre los filósofos estoicos, una rama del cinismo. El objetivo es poner las cosas en su justo lugar para ayudarnos a hacer pequeños (o grandes) reajustes en nuestra vida.

Medite el hecho de que todos sabemos que vamos a morir, pero no cuándo. Podría ser hoy mismo, ¿por qué no? Imagine su entierro. ¿Quién estará allí? ¿Qué se dirá de usted? ¿Por qué se le recordará? Imagine su cadáver y el proceso de descomposición por el que va a pasar: su corazón dejará de latir, la sangre dejará de circular, se espesará y se coagulará. Sin circulación, su cuerpo comenzará a perder temperatura y sus músculos se endurecerán. Su cara quedará irreconocible. Comenzará a oler a carne podrida, a hincharse y a derramar líquido por los orificios. Las bacterias terminarán un trabajo que lo reducirán a la nada.

Este morboso ejercicio es un recordatorio de que toda la materia del universo, usted y yo incluidos, obedece a sus leyes naturales que no podemos alterar. Somos nosotros los que pertenecemos a la naturaleza y no al revés, y llegará un día en que ella nos reciclará para dar vida a otros seres.

No se trata solo de un ejercicio para practicar el desapego, también es un recordatorio de que debemos vivir existencias auténticas.

7. Cultivar la *parresía* con buenos chistes

Intente que su humor sea un ejercicio de *parresía*: use la ironía, la burla y el sarcasmo para decir la verdad a la cara, para cuestionar las situaciones de injusticia, insensatez o autoritarismo con las que se tope en su vida diaria.

Si no se atreve a ser un fiero Diógenes, al menos sea un simpático Crates. Pero sea hostil, discutidor y subversivo contra todo aquello que pretenda doblegarle tanto a usted como a su vecino. Una manera sana y divertida de enfrentarse a aquello que nos provoca miedo es a través del humor. Practique cotidianamente el chiste no solo para quitarle importancia al asunto que le preocupa, sino también para proteger su libertad.

La intención en un chiste es clave. Un racista o un machista (muchas veces coinciden) usará el humor para denigrar y someter. Un buen cínico hará uso de la burla para desnudar al rey y proclamarse como único soberano de sí mismo. Use el chiste no para convertirse en un estúpido payaso, sino en un cultivado escritor de sátiras que obliguen a pensar.

8. Rebélese ante la tiranía de lo políticamente correcto

Vivimos en una tiranía que George Orwell describió con agudeza en su prólogo a *Rebelión en la granja*:

> En un momento dado se crea una ortodoxia, una serie de ideas que son asumidas por las personas biempensantes y aceptadas sin discusión alguna. No es que se prohíba concretamente decir esto o aquello, es que «no está bien» decir ciertas cosas [...]. Y cualquiera que ose desafiar aquella ortodoxia se encontrará silenciado con sorprendente eficacia. De ahí que casi nunca se haga caso a una opinión realmente independiente ni en la prensa popular ni en las publicaciones minoritarias e intelectuales.

Por tanto, no tenga miedo a ofender. La única manera de no molestar es renunciar a pensar y a expresarse. Es más, si comienza a cuestionarse lo obvio, tenga por seguro que va a herir los sentimientos de alguien y que ese alguien usará sus emociones como único argumento para impedir que usted piense y se exprese con libertad. Como ya nos advirtió la filósofa Hannah Arendt, no hay pensamientos peligrosos: pensar es peligroso. Lo políticamente correcto le obligará siempre a renunciar a su propio criterio para conseguir la falsa aceptación de una manada de imbéciles. Un buen cínico practica una saludable falta de respeto por la opinión común.

9. Transgreda normas absurdas

Este ejercicio no invita a dejar de pagar impuestos, robar, violar o asesinar. Las normas, costumbres y tradiciones que transgrede un cínico son aquellas que no solo van contra nuestra naturaleza humana, sino que además carecen de un fundamento racional. Por ejemplo, si usted es una mujer, seguramente esté al tanto de una norma absurda que la obliga a eliminar su vello corporal para encajar dentro de los convencionales cánones estéticos, que la obligará a invertir tiempo, dinero y sufrimiento. Pero ¿qué hubiera ocurrido si en lugar de mujer hubiese nacido varón? ¿Estaría forzado a cumplir esta norma? ¿Qué argumento racional podríamos dar para explicar por qué solo las mujeres y no los hombres deben depilarse? Por mucho que lo intente no encontrará ninguna razón que justifique esta convención social. Son este tipo de normas absurdas las que debemos conculcar para ponerlas en cuestión y sacar a la luz la ideología que esconden. Si usted es un hombre, niéguese a señalar que una mujer va sin depilar o censure a los que lo hacen.

Contemple el comportamiento de la gente como un observador imparcial. Imagínese que es un antropólogo que estudia nuestra cultura y que intenta comprender nuestros usos y costumbres. Posteriormente, juzgue y analice racionalmente nuestras normas sociales y atrévase a censurar las que son un auténtico sinsentido. Se trata, por tanto, de que usted cree para sí mismo un repertorio de reglas distinto al que ha recibido por la aleatoria razón de nacer en una determinada zona geográfica. Quizá, como afirmaba Chamfort, la sana moral se reduzca a un único precepto: goza y haz gozar, sin hacer daño a nadie ni a ti mismo.

10. Conozca culturas diferentes

El filósofo Michel de Montaigne, con una actitud muy cínica, invita en sus *Ensayos* a deshacernos de los dogmas, los prejuicios y la arrogancia cuando nos relacionamos con alguien de una cultura diferente a la nuestra. Frente al etnocentrismo occidental, que ve en el otro un salvaje, un bárbaro y un incivilizado, Montaigne recomienda ser humildes y cultivar una disposición a aprender de las ideas del otro. No haga turismo, viaje todo lo que pueda y más. El turismo es una forma de consumo en la que nuestro cuerpo es el único que viaja. El capitalismo tiene la facilidad para transformar cualquier actividad en una forma de consumo.

Viajar implica descubrir otras maneras de ser humano para terminar cuestionándose uno la propia. Cuando viajamos, descubrimos que lo que para mí viene siendo verdadero o bueno no limita ni lo que es la verdad ni lo que es el bien. Montaigne advierte de que nada hay de bárbaro ni salvaje en los otros pueblos. Solemos llamar bárbaro a aquello que no encaja con nuestras costumbres.[2] De esta manera, no disponemos más que de un único punto de vista: el de la opinión y los usos de nuestra cultura. Aceptamos acríticamente que la religión verdadera es la nuestra o que el gobierno perfecto es el nuestro. Si puede, viaje, y si no puede, lea sobre las otras culturas que existen en esta aldea global. Quizá descubra que los salvajes somos nosotros.

Montaigne nos cuenta que Carlos IX invitó a unos líderes indígenas a visitar la corte francesa. Después de enseñarles a los presuntos salvajes todos los adelantos y lujos de la civilización, el rey les preguntó su opinión. En primer lugar, comentaron que no entendían cómo hombres tan fuertes se sometían y obedecían a alguien tan mediocre, en lugar de elegir al mejor de entre ellos. En segundo lugar, observaron que convivimos con una terrible desigualdad que hace que existan hombres ricos que poseen más de lo que necesitan, junto a hombres que tienen que mendigar un pedazo de pan. No entendían cómo los hambrientos no rajaban a los opulentos y no prendían fuego a sus casas. Cuando Montaigne le preguntó al líder indígena qué ventajas tenía con respecto al resto de los hombres de su pueblo, este le respondió que era el primero en marchar a la guerra. Al oír esto, el filósofo tomó conciencia de que no vestir calzas no es lo que hace de un hombre un salvaje.

